NATIONAL GEOGRAPHIC KiDS

Superexperte DINOSAURIER

Lela Nargi

Mit National Geographic Explorer Steve Brusatte

NATIONAL GEOGRAPHIC

INHALT

KAPITEL 1

Superstars des Erdmittelalters 8

KAPITEL 2

Die Dinosaurier kommen! 32

KAPITEL 3

Wie die Dinosaurier lebten 60

KAPITEL 4

Nach den Dinosauriern 84

STEVE UNTERSUCHT AUF DER ISLE OF EIGG (SCHOTTLAND) DAS FOSSIL EINES MEERESREPTILS.

VORWORT

Als Kind war ich überhaupt nicht an Naturwissenschaften interessiert. Zumindest waren es die Schulfächer, die ich am wenigsten mochte. Ich war nicht schlecht darin und verabscheute sie auch nicht, aber mein Interesse galt eher den Geisteswissenschaften.

Erst mit 14 Jahren – in meinem ersten Highschool-Jahr – wurde mein Interesse für Dinosaurier geweckt. Das lag vor allem an meinem Bruder Chris. Er ist vier Jahre jünger als ich, und als Zehnjähriger war er von Dinosauriern besessen. Er besaß über 100 Dinosaurierbücher und zahlreiche Spielzeugdinosaurier und Dino-Poster, und sein Zimmer sah aus wie ein kleines Dinosauriermuseum. Mein Zimmer glich mit seinen Fähnchen und Baseballkarten dagegen eher einem Sportmuseum.

Unsere Schule plante eine naturwissenschaftliche Schau, und Chris wollte dafür etwas mit Dinosauriern vorbereiten. Auf Ideensuche sah er seine Bücher durch. Nachdem ich mich zuvor *überhaupt nicht* für Dinosaurier interessiert hatte, sprang der Funke plötzlich über.

Kurz darauf bekamen wir unseren ersten Computer. Zwar hatte das Internet noch nicht den heutigen Stellenwert, doch viele Museen besaßen bereits Websites mit Informationen zu ihren Sammlungen und Forschungsgebieten. Man konnte sich in Mailing-Listen eintragen. Vielleicht wegen meiner früheren Vorliebe für Geschichte interessierten mich die Dinosaurier nicht als Objekte oder Monster. Sie zeigten mir, wie unser Planet sich verändert und entwickelt hat. Damals erkannte ich, dass die Paläontologie mein Leben bestimmen würde. Und Chris, der sich so sehr für Dinosaurier interessiert hatte, studierte ausgerechnet Geschichte!

Doch viele Paläontologen, die ich kenne, sind an Geschichte interessiert. Wie antike Schriftrollen lassen Fossilien uns in die Vergangenheit schauen. Von Museen archivierte Funde setzen wir zu Geschichten zusammen, die uns Ereignisse, Umwälzungen und Phasen des Aussterbens verstehen lassen. Ich glaube, ein Paläontologe ist tatsächlich eine Art Historiker.

Beachte in diesem Buch auch meine Geschichten und Hinweise, während wir gemeinsam viel Interessantes über Dinosaurier erfahren.

Steve Brusatte

STEVE MIT KOLLEGEN BEI EINER AUSGRABUNG IN RUMÄNIEN

TYRANNOSAURUS REX, DER SUPERSTAR UNTER DEN DINOSAURIERN

KAPITEL 1

SUPERSTARS DES ERD-MITTELALTERS

EINLEITUNG

ALS ICH EIN TEENAGER WAR, WURDE DAS AM BESTEN ERHALTENE UND

vollständigste Skelett eines *Tyrannosaurus rex* namens Sue im Field Museum in Chicago, Illinois (USA), ausgestellt. Ich wuchs etwa 120 km entfernt davon in Ottawa, Illinois, auf.

In unserer Nähe gab es wenige Museen, sodass das Field Museum sozusagen mein Stammmuseum wurde. Wenn ich den Saal betrat, in dem Sue ausgestellt war, kam mir das Skelett riesig und Furcht einflößend vor. Ich war wie hypnotisiert und fühlte mich in meinen Wunsch bestätigt, Paläontologe zu werden. Dies war das größte Landraubtier, das jemals auf der Erde gelebt hatte, und es war echt! Es war aus einem Ei geschlüpft, aufgewachsen und herumgelaufen, und es hatte gefressen, geschaut, gehört und geatmet.

Über zehn Jahre lang lag der Schwerpunkt meiner Arbeit vor allem auf den Tyrannosauriern. Ich war an der Beschreibung einiger neuer Gattungen beteiligt, wie *Qianzhousaurus*, *Timurlengia*, *Juratyrant* sowie der Art *Alioramus altai*. Ich habe Stammbäume gezeichnet, die die Entwicklung von nur menschengroßen Dinosauriern zu furchterregenden Riesen zeigen.

Tatsächlich gab es bereits über 100 Millionen Jahre vor der Entstehung von *Tyrannosaurus rex* Tyrannosaurier. Doch diese Arten hatten im Schatten anderer riesiger Räuber gestanden, zum Beispiel der Allosaurier, der Ceratosaurier und der Spinosaurier. Das änderte sich erst in den letzten 20 Millionen Jahren des Dinosaurier-Zeitalters, das wir als Erdmittelalter bezeichnen. In dieser Zeit wuchsen sie aus Gründen, die uns unbekannt sind, zu Riesen heran, die Nordamerika und Asien beherrschten. Die Tyrannosaurier waren gewaltige Räuber, die an der Spitze der Nahrungskette standen. Zu ihrer Zeit gab es keine anderen Landraubtiere, die auch nur annähernd so groß waren. Und das gilt bis heute, da der Eisbär unser größtes Landraubtier ist.

Einer der Gründe, warum Dinosaurier uns so faszinieren, ist sicherlich, dass sie um vieles fantastischer sind als die Ungeheuer, Drachen und Einhörner unserer Mythen und Sagen. Insbesondere *Tyrannosaurus rex* mit seinem großen Kopf, den winzigen Armen, dem langen Schwanz und den muskulösen Beinen bietet alles, was uns an Dinosauriern fesselt!

CAMPTOSAURUS, UMRINGT VON DREI HUNGRIGEN RÄUBERN

ER WAR EIN RICHTIGES TIER! ER SCHLÜPFTE, WUCHS AUF, BEWEGTE SICH UND FRASS, SAH, HÖRTE UND ATMETE.

STEVE BRUSATTE UND SEIN TEAM IN PORTUGAL

DINOSAURIER AUF DER ERDE

Es ist nun 66 Millionen Jahre her, dass die letzten der großen, furchterregenden Dinosaurier die Erde bevölkerten.

Unsterbliche Dinosaurier

Dinosaurierfans – ob jung oder alt – können gar nicht genug von diesen Tieren bekommen. Wissenschaftler machen ständig neue Entdeckungen, und niemand kann voraussagen, wann der nächste beeindruckende Fund gemacht wird.

Vielleicht lösen wir eines Tages alle Rätsel um die Entstehung und die Lebensweise der Dinosaurier. Doch jetzt wollen wir uns all das Aufregende anschauen, das bereits bekannt ist. Und auf all das freuen, was es noch zu entdecken gibt!

Wir sind von Dinosauriern auch aus einem ganz einfachen Grund begeistert: Seit ihrem Aussterben hat es auf dem Festland nicht noch einmal Lebewesen dieser Größe gegeben. Manche Dinosaurier waren größer als heutige Wohnhäuser, andere hatten Schädel so groß wie ein Esstisch und wieder andere Zähne, die so lang waren wie eine Hand. All diese Superstars waren wirklich verblüffend!

Groß, größer, am größten

Als Paläontologen im Jahr 2014 in einer Wüste Argentiniens ein riesiges Skelett ausgruben, machte dies bald Schlagzeilen. Zeitungen auf der ganzen Welt meldeten, dass der größte

ZEITMASCHINE INS ERDMITTELALTER

Unsere Erde besteht seit etwa 4,6 Milliarden Jahren. In dieser Zeit hat es viele Veränderungen gegeben! Wissenschaftler teilen die Zeit daher in Abschnitte von vielen Millionen Jahren ein. Um über diese Zeitabschnitte sprechen zu können, haben sie ihnen Namen gegeben. So ist ein dreiteiliges System von Ären, Perioden und Epochen entstanden. Die Geschichte der Menschheit fand in der Ära der Erdneuzeit statt, die vor 65,5 Millionen Jahren begann und bis heute andauert. Unsere frühesten Vorfahren erschienen in der Mitte dieser Ära zum Ende der Periode des Neogens.

Doch dieses Buch führt viel weiter in die Vergangenheit. Das hier beschriebene Geschehen fand im Erdmittelalter statt, das vor 251 Millionen Jahren begann und vor 65,5 Millionen Jahren endete. Es lässt sich in drei Perioden unterteilen: die Trias, den Jura und die Kreide.

ERDNEUZEIT (65,5 MIO. JAHRE BIS HEUTE)	**QUARTÄR** (2,6 MIO. JAHRE BIS HEUTE) HOLOZÄN (11 700 JAHRE BIS HEUTE) PLEISTOZÄN (2,6 MIO. JAHRE BIS 11 700 JAHRE)
	NEOGEN (23,03–2,6 MIO. JAHRE) PLIOZÄN (5,33–2,6 MIO. JAHRE) MIOZÄN (23,03–5,33 MIO. JAHRE)
	PALÄOGEN (65,5–23,03 MIO. JAHRE) OLIGOZÄN (33,9–23,03 MIO. JAHRE) EOZÄN (55,8–33,9 MIO. JAHRE) PALÄOZÄN (65,5–55,8 MIO. JAHRE)
ERDMITTELALTER (251 BIS 65,5 MIO. JAHRE)	**KREIDE** (145,5–65,5 MIO. JAHRE) OBERKREIDE (100,5–65,5 MIO. JAHRE) UNTERKREIDE (145,5–100,5 MIO. JAHRE)
	JURA (199,6–145,5 MIO. JAHRE) OBERJURA (163–145,5 MIO. JAHRE) MITTELJURA (174–163 MIO. JAHRE) UNTERJURA (199,6–174 MIO. JAHRE)
	TRIAS (251–199,6 MIO. JAHRE) OBERTRIAS (237–199,6 MIO. JAHRE) MITTELTRIAS (247–237 MIO. JAHRE) UNTERTRIAS (251–247 MIO. JAHRE)

Dinosaurier gefunden sei! Wissenschaftler zählten die neue Gattung zu den Titanosauriern und gaben der Art im Jahr 2017 den Namen *Patagotitan mayorum*. Sie schätzten ihre Länge auf über 37 m und ihr Gewicht auf fast 70 t.

Dieser riesige Pflanzenfresser mag der größte bisher bekannte sein, aber er war nicht der einzige. Die großen Fleischfresser, die wir uns immer auf Jagd nach Beute vorstellen, konnten es größenmäßig nicht mit den gewaltigen Pflanzenfressern aufnehmen.

Riesige Pflanzenfresser

Die ersten pflanzenfressenden Dinosaurier waren klein. Doch im Laufe der Zeit wurden sie größer und größer und größer – bis dann die Titanosaurier erschienen. Diese Gruppe pflanzenfressender Sauropoden mit ihren langen Hälsen, den kleinen Köpfen und ihrer schuppigen Haut bevölkerten die ganze Erde, bis die Dinosaurier ausstarben.

Bisher hat man etwa 50 Titanosaurierarten entdeckt. Tagtäglich fraßen die größten von ihnen Pflanzen vom Gewicht eines Autos, um satt zu werden. Wie konnte es überhaupt genug Pflanzen als Nahrung geben? Womit die Titanosaurier sich ernährten, hing von ihrem Lebensraum und der Höhe ab, in die sie hinaufreichen konnten. Zur Nahrung gehörten Palmengewächse, Palmfarne, Nadelbäume und Gräser. Vermutlich spezialisierten sich verschiedene Titanosaurier, die denselben Lebensraum bewohnten, auf unterschiedliche Nahrung. So könnte die eine Art Blätter und eine andere holzigeres Pflanzenmaterial gefressen haben. Auf diese Weise konnten sie alle gedeihen und manche von ihnen eine gigantische Größe erreichen.

Trotz ihres Namens wurden nicht alle Titanosaurier gigantisch groß. So erreichte *Magyarosaurus*, der im heutigen Mitteleuropa lebte,

PATAGOTITAN, DER GRÖSSTE BISHER BEKANNTE DINOSAURIER

DER 6 M LANGE *MAGYAROSAURUS* WAR KLEIN … FÜR EINEN TITANOSAURIER.

nur eine Länge von gut 6 m und ein Gewicht von etwas über 900 kg. Damit ist er nicht viel größer als eine Giraffe und nicht viel schwerer als ein großer Eisbär.

Argentinosaurus war allerdings tatsächlich ein Titan. Viele Jahre lang galt er als der größte dieser Riesen. Die ersten Skelettteile wurden in Argentinien entdeckt – so ist er auch zu seinem Namen gekommen. Die Paläontologen fanden Rippen, Wirbel und einen Oberschenkelknochen. Ein anderer Knochen aus dem Unterschenkel war 1,5 m lang. Das ist wohl mindestens so lang, wie du groß bist!

DER *ARGENTINOSAURUS* WAR EIN ECHTER TITAN.

Bei der Rekonstruktion von *Argentinosaurus* nahm man an, dass er etwa 35 m lang war und fast 55 t auf seinen vier starken Beinen trug. Er hatte einen schweren, biegsamen Schwanz und einen langen, dicken Hals, mit dem er beim Fressen die höchsten Äste erreichen konnte. Mit den Zähnen, die wie spitze Bleistifte aussehen, konnten die Tiere Blätter, zum Beispiel die Nadeln der Nadelbäume, von den Zweigen streifen. Diese Nadelbäume ähnelten schon den Tannen und Kiefern, die es heute gibt.

Im Jahr 2014 übernahm dann *Patagotitan* von *Argentinosaurus* den Titel des größten Dinosauriers. *Patagotitan* ist so groß, dass er Kopf und Hals seines lebensgroßen Modells durch die Tür seines Saals im Museum strecken muss. Kein Wunder, denn allein sein Oberschenkelknochen ist 2,4 m lang. Insgesamt wurden 223 Knochen am Fundort in

BEI DER REKONSTRUKTION VON *ARGENTINOSAURUS* STELLTE SICH HERAUS, DASS DIESER DINOSAURIER 35 M LANG WAR.

ES IST NICHT LEICHT, GROSS ZU SEIN

WENN DU 77 T WIEGST, ist jeder Schritt schwer. Dein Gewicht lässt die Erde unter dir erbeben. Und es belastet deinen Körper enorm. Tatsächlich glauben die Wissenschaftler, dass die Dinosaurier mit ihrer Größe an die Grenzen des Möglichen gegangen sind. Ihre Skelette hätten kaum noch ein paar zusätzliche Pfunde tragen können.

Wie konnten diese Riesen sich überhaupt bewegen? *Patagotitan* hatte einige besondere Eigenschaften. So bildete sein langer Schwarz das Gegengewicht zu seinem schweren Hals. Beim Laufen schwang er vor und zurück, damit seine Hinterbeine sich leichter bewegen konnten. Im Stehen waren seine vier Säulenbeine etwas nach außen gerichtet, um das Gewicht besser zu verteilen, und ineinandergreifende Wirbelknochen gaben ihm Stabilität. Einige seiner Knochen waren zudem hohl, was ihr Gewicht reduzierte.

Die Paläontologen nehmen an, dass *Patagotitan* ein großes Herz mit vier Kammern besaß. Es ähnelte mehr dem der heutigen Vögel und Säugetiere als dem der Reptilien, bei dem rechte und linke Herzkammer noch nicht vollständig getrennt sind. Das Herz des *Patagotitan* hatte einen Umfang von 1,8 m, wog über 225 kg und pumpte in fünf Sekunden über 90 l Blut durch den Körper. Wegen der großen Entfernung vom Herz zu den Füßen fragen sich die Wissenschaftler, wie das Blut aus den Beinen wieder in den Brustbereich zurückfloss. Sie nehmen an, dass das Geheimnis die straffe Haut der Knöchel ist, die ähnlich wie ein Kompressionsstrumpf gewirkt haben könnte: Durch den Druck der Haut wurde das Blut ins Herz zurückgepresst.

DER OBERSCHENKELKNOCHEN VON *PATAGOTITAN* IST 2,4 M LANG.

DER SCHWANZ VON *PATAGOTITAN* WAR DAS GEGENGEWICHT ZUM HALS.

DAS HERZ DES TIERES HATTE EINEN UMFANG VON 1,8 M.

DER ERFOLG DER PFLANZEN-FRESSER

APATOSAURUS AUF DER SUCHE NACH PFLANZEN

PFLANZENFRESSENDE DINOSAURIER waren im Jura zahlenmäßig viel stärker vertreten als ihre fleischfressenden Verwandten. Tatsächlich kamen auf jeden großen Fleischfresser Hunderte von Pflanzenfressern. Das bedeutet nicht nur, dass es viele Pflanzen gegeben haben muss, sondern auch, dass die Dinosaurier die vielen verschiedenen Pflanzen, die entstanden waren, und alle ihre Teile verwerten konnten – nicht nur die Blätter, sondern auch die Borke, die Wurzeln, die Zapfen, die Stängel und die Zweige. Wie gelang ihnen das? Durch die Entwicklung hoch spezialisierter Zähne (siehe Kapitel 3)! Sie ließen die Dinosaurier die Welt beherrschen!

Argentinien entdeckt, aber nur ein Zahn und kein Schädel. Damit ist das Fossil von *Patagotitan* eines der vollständigsten bekannten Skelette.

Aber war er wirklich der größte Dinosaurier aller Zeiten? Einige Wissenschaftler setzen eher auf *Amphicoelias*. Bei ihm handelt es sich um eines der größten Rätsel in der Geschichte der Paläontologie. In den 1870er-Jahren wurden ein riesiger Oberschenkelknochen und ein 1,5 m langer Wirbelknochen in Colorado (USA) ausgegraben. Der Paläontologe, der sie gefunden hatte, fertigte eine Beschreibung und eine Zeichnung an. Seinen Schätzungen zufolge war der Dinosaurier fast 60 m lang und knapp 100 t schwer gewesen. Dann verpackte er die Knochen und schickte sie mit dem Zug an das American Museum of Natural History in New York.

Aber kamen die Knochen dort jemals an? Wir wissen es nicht, denn sie sind verschwunden. Viele Paläontologen haben nach ihnen in den Sammlungen des Museums gesucht, doch bisher ohne Erfolg. Werden diese Knochen einmal beweisen, dass *Amphicoelias* größer war als *Patagotitan*? Oder wird die Entdeckung einer neuen riesigen Art eines Tages dazu führen, dass auch *Patagotitan* wieder entthront wird?

Gewaltige Fleischfresser

Ohne Zweifel war *Tyrannosaurus rex*, der vor 66–67 Millionen Jahren gelebt hat, ein Furcht einflößender Dinosaurier. Sein Name, „König der Tyrannenechsen", sagt eigentlich schon alles. Er war der ursprüngliche König der Tiere – lange bevor der erste Löwe geboren wurde.

Als ein rekonstruiertes *Tyrannosaurus*-Skelett im Jahr 1906 im New Yorker American Museum of Natural History ausgestellt wurde, waren die Wissenschaftler davon überzeugt, dass sie nun den größten Fleischfresser aller Zeiten gefunden hatten.

Von welcher Größe sprechen wir genau? Der größte entdeckte *T. rex* wurde in den 1980er-Jahren in South Dakota (USA) ausgegraben. Dabei handelte es sich um Sue. Aus verschiedenen Gründen ist dieses Fossil sehr beeindruckend. So stellt es das vollständigste bekannte *T.-rex*-Skelett dar. 90 Prozent seiner Überreste wurden von einer Paläontologin namens Sue Hendrickson gefunden. Der *T. rex* Sue ist knapp 13 m lang und 4 m hoch. Allein der Schädel wiegt über 270 kg. Zusammen mit den Muskeln, den Organen und dem restlichen Gewebe hat Sue wohl zu Lebzeiten über 8 t gewogen.

Wie die anderen großen Raubsaurier gehört Sue zu den Theropoden (mehr darüber in Kapitel 2). Sie und ihre Artgenossen lebten am Ende des Dinosaurierzeitalters in der Kreidezeit – die vorher lebenden Raubsaurier waren bei Weitem nicht so groß gewesen. Die Wissenschaftler nehmen an, dass Sues Art nur so groß werden konnte, weil sie ein großes Gehirn entwickelte und ihre Beute überlisten – und mehr davon fressen – konnte.

SUE IST DAS VOLLSTÄNDIGSTE BEKANNTE *T.-REX*-SKELETT.

UM DICH BESSER FRESSEN ZU KÖNNEN: SUES ZÄHNE

WAS FÜR KLEINE ÄRMCHEN SIND DAS DENN?

EINES DER GROSSEN RÄTSEL DER PALÄONTOLOGIE ist der Nutzen der Arme des *T. rex* – und warum sie so winzig sind. Dabei waren sie so unglaublich muskulös und stark, dass jeder Arm über 180 kg heben konnte! Daher ist es sicher, dass diese Ärmchen einem wichtigen Zweck dienten. Aber welchem? Manche Wissenschaftler meinen, dass sie das große Gewicht des Kopfes ausglichen. Tatsächlich gibt es viele verschiedene Theorien, von denen aber noch keine bewiesen ist.

WARUM WAREN DIE ARME SO KLEIN?

EIN *T. REX* FRISST AN EINEM BEREITS TOTEN *TRICERATOPS.*

DIE ZÄHNE WAREN SO GROSS WIE BANANEN.

Mitten im Wald hätte man plötzlich auf Sue treffen können. Mit ihren grünlichen Schuppen zwar sie zwischen den Pflanzen sicher gut getarnt – bis ihr Appetit sie hervorlockte! Stell sie dir vor, wie sie sich mit ihren etwa 60 bananengroßen, messerscharfen Zähnen auf dich gestürzt hätte! Der längste versteinerte Zahn von Sue ist über 30 cm lang. Damit konnte sie leicht die Knochen anderer Dinosaurier, darunter sogar Tyrannosaurier, zerbeißen! Sue verschmähte nämlich auch Artgenossen nicht.

Ihre Beute fand Sue mithilfe ihres hervorragenden Geruchssinns. Ihr Riechkolben (der Teil des Gehirns, der Gerüche verarbeitet) hatte in etwa die Größe eines Golfballs. Das war im Vergleich zu anderen Dinosauriern recht groß. Beim Jagen bewegte Sue sich auf ihren großen Hinterbeinen fort. Ihre kleinen Arme waren mit je zwei spitzen Krallen bewehrt. Manche

Wissenschaftler glauben jedoch, dass Sue eher ein Aasfresser als ein Jäger war und sich von toten Tieren ernährte. Möglicherweise tat sie jedoch beides.

Niemand weiß, ob Sue wirklich ein Weibchen war. Aber manche Wissenschaftler nehmen an, dass weibliche Tyrannosaurier größer waren als die Männchen – und über 450 kg schwerer!

Tyrannosaurus rex war aber nicht der einzige große Fleischfresser. 1995 wurde der möglicherweise zweitgrößte Räuber bekannt. In jenem Jahr beschrieben zwei Paläontologen eine neue Gattung, die sie *Giganotosaurus* nannten. Dieser Dinosaurier lebte etwa 30 Millionen Jahre vor *T. rex* in den Sumpfgebieten der Südhalbkugel. Er wurde in etwa so lang wie *T. rex*, erreichte jedoch nur 4,5 t Gewicht. Aber immerhin!

Auch *Giganotosaurus* hatte große, spitze Zähne und spitze Krallen an den Fingern seiner kurzen Arme – allerdings drei Krallen und nicht wie *T. rex* zwei. Möglicherweise jagte er in Rudeln und benutzte die Krallen, um nach seinem Opfer zu schlagen, bevor er es erbeutete. Die Zähne erinnern an die eines Hais. *Giganotosaurus* biss damit seiner Beute in die Beine, um sie zu schwächen und schließlich zur Strecke zu bringen.

Bisher sind nur wenige Fossilien von *Giganotosaurus* gefunden worden. Daher wissen die Wissenschaftler über ihn viel weniger als über *Tyrannosaurus rex*. Es ist also viel schwieriger herauszufinden, wie dieser Dinosaurier zu seiner gewaltigen Größe kam. Vielleicht wurde er schon früh erwachsen oder er lebte lang und wuchs ständig weiter. Vermutlich lassen sich die Fragen erst beantworten, wenn wir mehr Fossilien gefunden haben.

Im Jahr 2014 fanden Wissenschaftler einen weiteren riesigen Raubdinosaurier. Er ist länger als die übrigen – und sieht seltsamer aus. Bekannt wurde er erst in der letzten Zeit, doch erstmals wurde er 1911 im ägyptischen Teil der Sahara entdeckt. Der Entdecker ließ die Fossilien zur Untersuchung nach München bringen. Doch während des Zweiten Weltkriegs wurde die Stadt bombardiert und die Fossilien wurden zerstört. Der Beweis für die Existenz des seltsamen *Spinosaurus* ging in Flammen auf.

Einige Jahrzehnte später wurde *Spinosaurus* in einem anderen Teil der Sahara wiederentdeckt. Das neue Exemplar fand man in Marokko, drei Länder und über 3750 km von Ägypten entfernt. Diesmal bestand die Möglichkeit zu einer ausführlichen Untersuchung. Mithilfe der gefundenen Knochen, die über 3-D-Verfahren als Bilder zusammengesetzt wurden, konnten die Wissenschaftler sagen, dass *Spinosaurus* vermutlich fast 17 m lang war – und somit vielleicht sogar länger als Sue, der *T. rex*! *Spinosaurus* besaß ein Segel auf dem Rücken, das von bis zu 1,8 m langen Wirbelfortsätzen aufgespannt wurde. Manche Wissenschaftler meinen, dass es Körperwärme abgab und der Kühlung diente. Vielleicht nahm es auch Sonnenstrahlung auf und erwärmte das Tier. Andere Wissenschaftler nehmen an, dass das Segel Fett enthielt und wie die Kamelhöcker Energie speicherte.

FOSSILIEN BESCHREIBEN

STEVE BRUSATTE

WENN WIR PALÄONTOLOGEN Fossilien beschreiben, dann erklären wir zuerst unsere Untersuchungsweise und veröffentlichen die Ergebnisse. Wir vergleichen die Fossilien mit anderen Funden und beschreiben, fotografieren und zeichnen die Knochen. Wir versuchen, die Verwandtschaft des Dinosauriers zu anderen zu klären, und überlegen, ob es sich um eine neue Art handelt (in diesem Fall geben wir ihm einen Namen!). Dann fassen wir alles in einem Artikel zusammen, den wir an eine wissenschaftliche Zeitschrift schicken. Dort wird er durch das sogenannte Peer Review überprüft. Das bedeutet, dass andere Wissenschaftler ihn prüfen, kritisieren und Verbesserungsvorschläge machen. Wenn sie sich für eine Veröffentlichung aussprechen, wird der Aufsatz gedruckt. Wenn nicht, müssen wir den Artikel noch einmal überarbeiten.

WIR VERGLEICHEN DAS FOSSIL MIT ANDEREN DINOSAURIERN UND BESCHREIBEN DANN SEINE KNOCHEN.

GIGANOTOSAURUS

REGALICERATOPS SAH WIE EINE KOMBINATION AUS *CHASMOSAURUS* UND *CENTROSAURUS* AUS.

Spinosaurus hatte einen großen Schädel und große, zuschnappende Kiefer, die denen des Krokodils ähnelten und sich zum Fischfang eigneten. *Spinosaurus* war kein reiner Landbewohner, sondern verbrachte die meiste Zeit im Wasser. Dort jagte er Quastenflosser und Stachelhaie. Einige Merkmale halfen ihm dabei:

1. Nasenlöcher auf der Oberseite der Schnauze ermöglichten ihm zu atmen, wenn ein Teil des Kopfes unter Wasser war.
2. Der Körperbau eignete sich eher zum Schwimmen als zum Laufen.
3. Die Zehen haben wohl Schwimmhäute aufgespannt.

Groß und seltsam – mehr kann man von einem Dinosaurier wirklich nicht erwarten!

BEACHTE DIE KROKODIL-KIEFER DES *SPINOSAURUS*!

SELTSAME EIGENSCHAFTEN

DAS SEGEL DES *SPINOSAURUS* ist etwas Besonderes. Doch nicht nur dieser Dinosaurier bereitet Wissenschaftlern Kopfzerbrechen. Paläontologen untersuchen auch die Eigenschaften der Ceratopsier. Diese tragen Hörner auf dem Kopf und einen Nackenschild. Zu ihnen gehören die Chasmosaurier, die kleine Hörner auf der Nase, große über den Augen und einen großen Nackenschild haben, aber auch die Centrosaurier, die große Hörner auf der Nase, kleine über den Augen und kleine Nackenschilde haben.

Im Jahr 2005 gruben Paläontologen in Kanada einen Ceratopsier aus. Er war weder Chasmo- noch Centrosaurier, sondern wies Merkmale beider Gruppen auf: ein langes Nasenhorn, winzige Hörner über den Augen und einen massiven Nackenschild. Die Gattung heißt *Regaliceratops*, und Wissenschaftler untersuchen, wie sich die Ceratopsier entwickelten – und warum. Man will die Unterschiede zwischen den verschiedenen Ceratopsiern verstehen, ebenso wie man herausfinden will, wozu dem *Spinosaurus* sein Segel diente.

ANDERE RIESEN

DINOSAURIER GAB ES IN VERSCHIEDENEN FORMEN UND GRÖSSEN. Sie mussten keine Titanosaurier oder großen Raubsaurier sein, um ein Superstar zu werden. Sieh dir diese anderen Riesen an.

TITANOCERATOPS BESASS DREI SPITZE HÖRNER.

GRÖSSTER SCHÄDEL:
TITANOCERATOPS

EPOCHE: Oberkreide

MERKMALE: Drei massive Hörner und ein Nackenschild, der vielleicht vor Räubern schützte oder auch Partner anlockte. Der Schädel war unglaubliche 3,2 m groß.

SHANTUNGOSAURUS ZERKLEINERTE SEINE NAHRUNG MIT 1000 ZÄHNEN.

GRÖSSTER ENTENSCHNABEL:
SHANTUNGOSAURUS ODER *MAGNAPAULIA*

EPOCHE: Oberkreide

MERKMALE: Diese Pflanzenfresser wurden 15,2 m lang. Der aus China stammende *Shantungosaurus* wurde über 14 t schwer und besaß 1000 kräftige Zähne. *Magnapaulia* wog wohl über 22,5 t und konnte vielleicht schwimmen.

DER ÜBER 900 KG SCHWERE *UTAHRAPTOR* KONNTE MIT SEINEN FEDERN NICHT FLIEGEN.

GRÖSSTER DROMAEOSAURIER:
UTAHRAPTOR

EPOCHE: Unterkreide

MERKMALE: Dieser Fleischfresser lief auf zwei mit Sichelkrallen bewaffneten Füßen und hatte gefiederte Arme mit großen Krallen. Er maß über 6 m und wog gut 900 kg.

GRÖSSTER
DER GROSSEN:
SAUROPOSEIDON

LÄNGSTER DINOSAURIER: *DIPLODOCUS*

EPOCHE: Oberjura

MERKMALE: Der knapp 33 m große Pflanzenfresser hatte einen 14 m langen Schwanz!

DIPLODOCUS HAT WOHL MIT DEM SCHWANZ GESCHLAGEN.

HÖCHSTER DINOSAURIER: *SAUROPOSEIDON*

EPOCHE: Unterkreide

MERKMALE: Dieser Sauropode wurde 33,5 m lang und konnte eine Höhe von fast 17 m erreichen.

LANGER HALS,
KLEINES GEHIRN:
MAMENCHISAURUS

LÄNGSTER HALS: *MAMENCHISAURUS*

EPOCHE: Oberjura

MERKMALE: Der Hals des pflanzenfressenden Sauropoden wurde über 15 m lang.

WER BRAUCHT EINE MANIKÜRE?
ÜBER 76 CM GROSSE KRALLEN
BEI *THERIZINOSAURUS*

LÄNGSTE KRALLEN: *THERIZINOSAURUS*

EPOCHE: Oberkreide

MERKMALE: Dieser allesfressende Theropode wurde vermutlich über 10 m groß und besaß Federn und Flügel. *Therizinosaurus* lief auf zwei Beinen, von denen jeder Fuß Krallen trug. Die Krallen am Ende der als Flügel ausgebildeten Arme waren über 75 cm lang – so groß wie ein Schritt eines Erwachsenen.

WUNDERBARE FLÜGEL

STEVE BRUSATTE

DAS FOSSIL VON *ZHENJUANLONG SUNI* wurde von einem Bauern im Nordosten Chinas gefunden, der es an ein Museum verkaufte. So kam ich dazu, es zu untersuchen und schließlich an seiner Beschreibung mitzuwirken. Es handelt sich hier um einen gefiederten Verwandten von *Velociraptor* aus der Unterkreide. *Zhenjuanlong suni* ist der größte gefiederte Dinosaurier, den wir kennen. In China wurden viele gefiederte Dinosaurier gefunden, und dieser kommt wie die übrigen aus Liaoning im nordöstlichen Teil des Landes.

Zhenyuanlong sah wohl ähnlich wie *Velociraptor* aus, nur etwas größer – er hatte etwa die Größe einer Ziege. Er besaß spitze Zähne, große Sichelkrallen an den Füßen und war natürlich mit einem Federkleid bedeckt. Seine Arme waren zu Flügeln umgewandelt, jedoch kürzer als die von *Velociraptor* und der modernen Vögel. Vermutlich reichten die Flügel und auch die Brustmuskulatur von *Zhenjuanlong suni* nicht zum Fliegen aus. Die Flügel sind das Erbe seiner Vorfahren, und es gibt zwei mögliche Gründe für ihre Entwicklung. Einer ist, dass die Flügel andere Aufgaben erfüllten – zum Beispiel bei der Balz oder zum Bedecken der Eier bei der Brut. Es ist also möglich, dass die Vorfahren von *Zhenjuanlong* fliegen konnten. Ihre Nachkommen wurden größer und größer und verloren die Flugfähigkeit, wie zum Beispiel auch die heutigen Strauße.

Mein Kollege Junchang Lü, ein chinesischer Paläontologe, bekam die ersten Fotos des Fossils zu sehen. Die großen, wunderschönen Flügel beeindruckten ihn stark. Er zeigte mir die Bilder, und ich fuhr nach China, um es mit ihm zusammen anzuschauen. Es befindet sich in einem großen Kalksteinblock, und die Knochen ragen deutlich heraus. Sie sind viel dunkler als das

SO KÖNNTE *ZHENYUAN-LONG* AUSGESEHEN HABEN.

STEVE UND JUNCHANG LÜ MIT DEM FOSSIL VON ZHENYUANLONG SUNI

Gestein, das stumpf grau gefärbt ist. Das Skelett ist weitgehend vollständig und wirkt fast wie das Ausstellungsstück eines Kunstmuseums. Es ist das schönste Fossil, das ich jemals gesehen habe. Das Besondere daran sind die Abdrücke der Federn. Wir verglichen den Körperbau mit dem anderer Dinosaurier, und so konnten wir den Fund in die Verwandtschaft von *Velociraptor* einordnen.

In Fällen wie diesem, bei denen ich zu einem Fossil gerufen werde, das bereits von jemand anderem gefunden wurde, befolge ich eine bestimmte Vorgehensweise. Ich versuche schon vorher möglichst viele Informationen zu sammeln und anhand der Fotos eine Vorstellung von der Artzugehörigkeit zu bekommen. Wenn ich das Fossil vor mir habe, versuche ich, es aufgrund meiner Erfahrung mit anderen Dinosauriern zu vergleichen. Das ähnelt dem Vorgehen, mit dem ein Arzt seine Diagnose stellt. Er weiß, dass bestimmte Krankheiten bestimmte Symptome aufweisen, sodass er sie erkennen kann, indem er den Patienten nach seinen Beschwerden fragt. Paläontologen wissen, dass verschiedene Dinosaurier unterschiedliche Skelette besitzen – Unterschiede in der Größe und Form der Knochen, im Vorhandensein oder Fehlen von Hörnern, Stacheln oder langen Hälsen. Wir können also einen Dinosaurier an dem Aufbau seines Skeletts erkennen.

Unser Grundwissen über den Körperbau, Messungen, Zeichnungen und die verschiedenen Eigenschaften fassen wir in einer Tabelle zusammen. Dann benutzen wir den Computer, um einen Stammbaum zu erstellen und den Fund in die Verwandtschaft der Dinosaurier zu stellen, mit denen er die meisten Eigenschaften teilt. Das alles kostet sehr viel Zeit und ähnelt dem Vorgehen bei der Spurensicherung am Tatort eines Verbrechens!

Was ist so toll daran, groß zu sein?

Man kann sich nur schwer vorstellen, was daran gut ist, so groß wie ein *Argentinosaurus* zu sein. Denn je größer ein Tier ist, desto mehr Nahrung braucht es. Welchen Vorteil bietet also solch eine enorme Größe? Und warum entwickelten sich aus einigen großen Arten noch viel größere? Die Wissenschaftler wissen es nicht genau, haben aber einige Vermutungen.

Einen großen Körper zu haben kann für einen Pflanzenfresser eine gute Verteidigungsmaßnahme gegen hungrige Räuber wie *Tyrannosaurus rex* sein. Auch ein mit kräftigen Kiefern und mörderischen Krallen bewaffneter Räuber kann es nicht so leicht mit einem Tier aufnehmen, das so groß wie ein Mehrfamilienhaus ist. Manche Sauropoden besaßen auch eine dicke, schuppige Haut, die nicht leicht zu verletzen war – ein sinnvoller Schutz gegen Tiere, die sie fressen wollten.

Die größten Titanosaurier hatten auch den Vorteil, dass sie an Nahrung herankamen, die kein anderes Tier erreichen konnte – zum Beispiel die Blätter der Baumkronen. Während andere Tiere am Boden oder in den Flüssen nach Fressbarem suchten, konnten die größten Pflanzenfresser hoch hinauf reichen. Auf diese Weise gab es genug Nahrung für die unterschiedlichsten Arten.

BRACHIOSAURUS ERREICHTE AUCH DIE ÄSTE DER BAUMKRONEN.

Die Wissenschaftler haben sich auch Gedanken darüber gemacht, auf welche Weise manche Pflanzenfresser so groß werden konnten. Zum Teil hat es damit zu tun, dass einige Dinosaurier hohle, aber stabile Knochen besaßen. Diese waren also leicht und konnten trotzdem einen großen Körper tragen. Eine andere Theorie besagt, dass sich die Dinosaurier nicht die Mühe machten, ihre Nahrung zu kauen. Sie rissen Borke und Zweige ab und verschlangen sie am Stück. Ihre großen Körper enthielten gewaltige, sehr lange Därme, die die Nahrung verarbeiteten. Und zu dem Zeitpunkt, an dem ihre Reste – Tage oder vielleicht Wochen später – wieder ausgeschieden wurden, war ihr auch der letzte Nährstoff entzogen worden. Vielleicht konnten die Dinosaurier durch diese gute Verwertung ihre Größe erreichen.

Eine andere Theorie stellt einen Zusammenhang zwischen der Größe der Fleischfresser und der Form ihrer Köpfe her. Die Wissenschaftler, die die Fortsätze und Kämme auf den Köpfen der Fleischfresser untersuchen, haben nämlich eine interessante Entdeckung gemacht. Die größten Theropoden besaßen meistens auch den interessantesten Kopfschmuck. Tatsächlich trugen 20 der 22 größten Fleischfresser eine solche Verzierung. Aber worin besteht der Zusammenhang? Die Wissenschaftler arbeiten noch daran, dieses Rätsel zu lösen. Manche von ihnen denken, dass die geschmückten Köpfe der Partnersuche, der Revierverteidigung oder der eigenen Verteidigung dienten. Damit würden sie wichtige Aufgaben erfüllen!

HATTEN RIESEN WIE DIESER *DIAMANTINASAURUS* HOHLE KNOCHEN?

KLEINER WERDEN

EINIGE WIRKLICH GEWALTIGE LANDTIERE bewohnten die prähistorische Erde. Doch wie sieht es mit dem anderen Ende der Skala aus, den kleinsten Dinosauriern? Auch sie haben einiges zu bieten! Doch Dinosaurier von der Größe eines Geckos mussten ein ganz anderes Leben führen als ihre Verwandten von Sues Größe.

SO GROSS WIE EIN SCHUHKARTON

MICRORAPTOR

EPOCHE: Unterkreide

MERKMALE: Ausgewachsene Tiere waren gut 40 cm groß. Sie hatten einen langen Fächerschwanz und zwei Paar Flügel mit Schwingen. Einige Wissenschaftler glauben, dass sie flugfähig waren. *Microraptor* besaß kleine, spitze Zähne, mit denen er Insekten und andere Tiere fraß.

COMPSOGNATHUS

EPOCHE: Oberjura

MERKMALE: Mit rund 60 cm Größe wurde er so groß wie ein Huhn. Auf schnellen Beinen verfolgte er Echsen, die er wohl am Stück verschlang.

COMPSOGNATHUS VERSPEISTE AUCH KLEINE ECHSEN.

SALTOPUS BEWEGTE SICH VIELLEICHT HÜPFEND FORT.

SALTOPUS

EPOCHE: Obertrias

MERKMALE: Dieser rund 60 cm große Verwandte der Dinosaurier wog nur knapp 1 kg. Er war wohl in etwa so groß wie eine Hauskatze. Sein Name bedeutet „Hüpffuß“, aber hüpfte er wirklich? Die Wissenschaftler sind sich nicht ganz sicher.

DER BERÜHMTE *IGUANODON* WAR DER ZWEITE BESCHRIEBENE DINOSAURIER.

39 *IGUANODON*-FOSSILIEN WURDEN 1878 IN EINER BELGISCHEN MINE ENTDECKT.

Der erste berühmte Dinosaurier der Welt: *Iguanodon*

Nein, *Iguanodon* war niemals der größte, kleinste oder bemerkenswerteste Dinosaurier der Welt. Doch er war einer der ersten berühmten. Das liegt daran, dass er der erste Dinosaurier war, der in relativ modernen Zeiten gefunden wurde. Und nach *Megalosaurus* war er der erste, der mit einem Namen beschrieben wurde. Vor allem *Iguanodon* ist es zu verdanken, dass die Menschen ihre Begeisterung für Dinosaurier entdeckten.

Als man die ersten *Iguanodon*-Zähne 1822 in einem Steinbruch im Süden Englands entdeckte, war das Wort „Dinosaurier" noch gar nicht erfunden worden. Natürlich hatte man schon Jahrtausende lang Dinosaurier-Fossilien gefunden, doch man hatte keine Vorstellung davon, worum es sich dabei handelte. Im Jahr 1822 hatte Charles Darwin seine Evolutionstheorie noch nicht veröffentlicht. Niemand wusste, dass sich die Tierarten im Laufe der Zeit entwickeln und wieder vergehen. Die damaligen Forscher nahmen nach der Entdeckung der großen *Iguanodon*-Zähne und später der Knochen an, dass diese gewaltigen Tiere noch immer irgendwo lebten. Verständlich, dass das für sie eine furchterregende Vorstellung war.

IGUANODON FRASS MIT EINEM SCHNABEL.

Nach und nach begannen die Paläontologen zu verstehen, dass *Iguanodon* nicht einfach ein riesiger Leguan war (der Name bedeutet „Leguanzahn"). Sie stellten auch fest, dass es heute keine lebenden Tiere dieser Gattung auf der ganzen Welt mehr gibt. Diese Entdeckung befeuerte einen Dinosaurier-Enthusiasmus, der in manchen Fossilienjägern und Wissenschaftlern weiterlebt.

Iguanodon wurde seit Anfang des 19. Jahrhunderts untersucht, und viele seiner Knochen wurden seitdem gefunden. Das bedeutet, dass Wissenschaftler ihn länger studiert haben als fast jeden anderen Dinosaurier. *Iguanodon* lebte vor etwa 125 Millionen Jahren in

FUSSABDRÜCKE VERRATEN GRÖSSE, GEWICHT UND MEHR!

ganz Europa. Die Tiere waren so hoch und mehr als doppelt so schwer wie ein Afrikanischer Steppenelefant. Sie konnten eine Länge von über 9 m und ein Gewicht von mehr als 13,5 t erreichen. Diese sogenannten Ornithopoden fraßen mit ihren scharfen Zähnen auf der Innenseite des Schnabels Pflanzen, die sie mit ihren fünffingrigen Händen ergriffen.

Im 19. Jahrhundert dachten die Wissenschaftler noch, dass *Iguanodon* auf allen vieren lief. Später vermuteten sie, dass er auf den Hinterbeinen lief und den Schwanz hinter sich her zog. Diese Ansicht hat sich mittlerweile geändert. Man nimmt an, dass *Iguanodon* manchmal auf zwei und manchmal auf vier Beinen lief. Am schnellsten war er wohl auf den Hinterbeinen, die ihm ermöglichten, vor Feinden davonzulaufen. Es ist auch möglich, dass er als Jungtier auf zwei Beinen lief und sich später auf vier Beinen sicherer fühlte. *Iguanodon* besaß einen großen Daumendorn, mit dem er sich vermutlich verteidigte. Wie andere Pflanzenfresser lebte auch er wahrscheinlich in Herden.

Was ist sonst noch an *Iguanodon* interessant? Sicherlich eine ganze Menge! Auch heute noch studieren Wissenschaftler diesen faszinierenden Pionier.

MASSNEHMEN

PALÄONTOLOGEN FINDEN NUR SELTEN vollständige Dinosaurierskelette. Wie können sie nun die Informationen entschlüsseln, die ihnen eine Handvoll Knochen liefert – etwa die Größe und das Gewicht eines Dinosauriers? Dazu haben sie einige Tricks auf Lager. Sie können einen Vergleich mit heutigen Tieren anstellen, zum Beispiel mit Elefanten. Oder sie vergleichen die Knochen eines Dinosauriers mit denen einer verwandten Art. Außerdem können sie versteinerte Dinosaurier-Fährten untersuchen. Diese geben Aufschluss darüber, mit wie viel Kraft die Tiere aufgetreten sind, und das lässt wiederum auf ihr Gewicht und ihr mögliches Tempo schließen.

Heute benutzt man Computermodelle, um herauszufinden, wie Dinosaurier aussahen und sich bewegten. Englische Wissenschaftler konnten dank des Computers das Rätsel des Riesenwuchses lösen. Sie fanden heraus, dass die frühen Sauropoden ihr Gewicht senkrecht über den Hüften trugen und daher wohl auf zwei Beinen liefen. Doch als sie immer größer wurden, mussten sie ihr Gewicht mit den Vorderbeinen abstützen und auf vier Beinen laufen. Die Wissenschaftler glauben, dass diese Gewichtsverlagerung es unter anderem den Titanosauriern ermöglichte, zu ihrer gigantischen Größe heranzuwachsen und – anders als die kleineren Sauropoden – bis zum Ende des Dinosaurier-Zeitalters vor rund 66 Millionen Jahren zu überleben.

MACH MIT

DINO-QUIZ

BIST DU EIN DINO-PROFI? Erkenne jeden dieser Superstars anhand der Hinweise.

1. Das Tier hat eine Krokodilschnauze, möglicherweise, um Fische zu fressen.
2. Dieser Dinosaurier hat ein Nasenhorn, Hörner über den Augen und einen großen Nackenschild.
3. Mit einem 2,4 m langen Oberschenkelknochen und einem Herzumfang von 1,8 m ist dieser Dinosaurier gewaltig.

B PATAGOTITAN MAYORUM

4. Dieses knapp über 40 cm große Tier besaß zusätzliche Flügel.
5. Dieser geflügelte Dinosaurier war so groß wie eine Ziege.
6. Der Schädel dieses großen Fleischfressers wog über 270 kg.

A T. REX

C SPINOSAURUS

D REGALICERATOPS

E MICRORAPTOR

F ZHENYUANLONG SUNI

ANTWORTEN: 1. c; 2. d; 3. b; 4. e; 5. f; 6. a

KAPITEL 2

DIE DINOSAURIER KOMMEN!

„SCHNAPPSCHUSS“
VON DINOSAURIERN UND
FLUGSAURIERN

SCHICHT FÜR SCHICHT FUSSABDRÜCKE UND FÄHRTEN,

und jede Gesteinsschicht offenbarte uns mit den unterschiedlichsten Abdrücken Neues, wie die Seiten eines Buches.

STEVE BRUSATTE

Zuerst wussten wir nicht, was das war – nur, dass die Spuren wunderbar waren.

Meine Kollegen in Polen hatten die Fährten entdeckt, die die Vorfahren der Dinosaurier hinterlassen hatten. Durch Untersuchung dieser Spuren konnten wir feststellen, wie sich die unterschiedlichen Arten im Laufe der Zeit verändert hatten – ob sie über die Jahrhunderte größer oder kleiner geworden waren, ob sie ausstarben und ob neue Arten ihren Platz einnahmen. Wir fragten uns, ob das alles Reptilienspuren waren.

Ich fuhr nach Polen, um Feldforschung zu betreiben. Mit meinem Freund Grzegorz Niedzwiedzki, einem jungen polnischen Paläontologen, fand ich noch mehr solcher Spuren und Fährten.

Ein fossiles Skelett ist eine Seltenheit, da ja jedes Tier nur ein Skelett hat. Dagegen kann ein Tier Millionen von Fußabdrücken hinterlassen, wenn es sich in einer Umgebung aufhält, die sie konserviert. Man findet daher viel leichter Spuren als Fossilien, und aus diesen können wir viel über die Tiere lernen, von denen sie stammen. Hier erkannten wir, dass Vorfahren der Dinosaurier die Fährten hinterlassen hatten – ihre nächsten Verwandten, die in der Untertrias gelebt hatten, *Prorotodactylus* genannt. Deren Spuren sind recht selten, und die in Polen gefundenen geben einen Hinweis auf den Ursprung der Dinosaurier.

Die Abdrücke waren nur wenige Zentimeter groß und stammten von Vorder- und Hinterfüßen. Das Tier lief also auf vier Beinen. Aus der Größe und dem Abstand der Abdrücke lässt sich ableiten, wie groß es war – nämlich in etwa so wie eine Hauskatze. Darüber hinaus machten uns diese Abdrücke klar, dass die direkten Vorfahren der Dinosaurier viel früher auf der Erde erschienen waren als ursprünglich angenommen.

Wir lernten auch, dass die riesigen Dinosaurier ganz klein angefangen hatten. Sie begannen als harmlose, unauffällige, langbeinige Tiere, die im Schatten anderer lebten: der übrigen Reptilien, der Amphibien und sogar der frühen Säugetiere. Nie hättest du geglaubt, dass später aus ihnen Nachkommen wie *Tyrannosaurus rex* und *Brontosaurus* hervorgingen!

FÄHRTEN VON DINOSAURIER-VORFAHREN IN POLEN

ES IST **SCHWIERIG** EIN FOSSILES **SKELETT ZU FINDEN,** DA JEDES TIER NUR EIN SKELETT BESITZT.

PROROTODACTYLUS WAR ETWA SO GROSS WIE EINE KATZE.

DINOSAURIER LEBTEN RUND 165 MILLIONEN JAHRE LANG AUF DER ERDE.

Doch sie waren nicht die ersten Lebewesen, die auf unserem Planeten entstanden sind.

Zwischen dem Auftreten der ersten Tiere und dem der ersten Dinosaurier vergingen über 300 Millionen Jahre. Doch diese Zeit und all diese Tiere hatten viel mit den Dinosauriern zu tun, die wir kennen. Die Periode vor dem Zeitalter der Dinosaurier nennt man das Perm.

Während der 45 Millionen Jahre des Perms hättest du unseren Planeten nicht erkannt. Es gab nur einen einzigen Kontinent, den man Pangaea nennt. Das bedeutet „die gesamte Erde". Das einzige Meer war Panthalassa, „das gesamte Meer". Ein Teilmeer in einer Bucht Pangaeas war die Thetys. Sie ist nach einer Titanin der griechischen Sagen benannt, die als Mutter der Flussgötter galt. In der Thetys gediehen Korallen, Schwämme und auch Armfüßer – Tiere mit einer zweiteiligen Schale, die den heutigen Muscheln ähnelten. Außerdem gab es Knochenfische, Rochen und Haie. Einige dieser Haie trugen am Kopf spitze Stacheln.

Im nördlichsten Teil Pangaeas war das Klima sehr heiß, und Trocken- und Regenzeiten wechselten sich ab. Das lebensfeindlichste Klima herrschte wohl im Zentrum Pangaeas, weit entfernt von den Küsten. Im Perm hatte sich dieses Gebiet vom Sumpf zur Wüste entwickelt, in der es kaum jemals regnete.

Im Laufe der Zeit wurde Pangaea trockener, und die Pflanzen und Tiere passten sich diesen neuen Bedingungen an. Ursprünglich gediehen hier viele Moose. Doch da sie Feuchtigkeit benötigten, starben viele von ihnen im Perm aus. Nacktsamer, die sich über Samen vermehrten, ersetzten sie zum großen Teil. Im Perm gehörten zu ihnen Nadelbäume und Palmfarne, die ähnlich wie die heutigen Palmen aussahen.

PFLANZEN UND INSEKTEN IM PERM

Zu den Nacktsamern gehörten auch die Ginkgogewächse und die Gnetales, von denen manche Arten Büschen oder Ranken ähnelten.

Im Perm entwickelten sich viele neue Insekten, die von den sich nun ausbreitenden neuen Pflanzen profitierten, zum Beispiel die Käfer. Diese Insekten verdrängten viele andere, die bereits vor ihnen existiert hatten, darunter über 10 cm lange fliegende Schaben, 60 cm lange Libellen und 2 m lange Tausendfüßer, die länger waren als dein Hund.

FOSSILE FARNE AUS DER PERIODE DES PERMS

Auf der Oberfläche Pangaeas lebten auch Tiere wie *Dimetrodon* – sicher das am leichtesten zu erkennende Tier des Perms. *Dimetrodon* sah aus wie eine 225 kg schwere Eidechse mit einem riesigen, von Knochen gestützten Segel auf dem Rücken. Als man in Texas (USA) die Überreste von 39 Tieren und Reste ihrer Nahrung fand, konnten die Wissenschaftler sehen, dass sie Haie und 30 cm lange Amphibien namens *Diplocaulus* sowie verschiedene Landtiere gefressen hatten.

Einige Tiere des Perms waren Pflanzenfresser, etwa der an eine heutige Kuh erinnernde *Moschops*. Er lebte in Herden in dem Teil Pangaeas, aus dem das heutige Afrika entstand. Die ersten großen Pflanzenfresser lebten, lange bevor die Titanosaurier und die Dinosaurier überhaupt auf der Bildfläche erschienen. Man nannte sie Pareiasaurier. Sie hatten fassförmige Körper, die mit knochigen Buckeln bedeckt waren, kurze Beine und winzige Schädel. Pareiasaurier erreichten ein

DIMETRODON ZÄHLT ZU DEN BERÜHMTESTEN TIEREN DES PERMS.

ZEITSTRAHL

GROSSE ZEITABSCHNITTE werden als „Ära" bezeichnet. Die drei letzten sind:

- **ERDALTERTUM (PALÄOZOIKUM): 542 MIO. JAHRE**
  Neben anderen Perioden gehört das Perm zu dieser Ära:
  Perm: 299–251 Mio. Jahre
- **ERDMITTELALTER (MESOZOIKUM): 251 MIO. JAHRE**
  Perioden des Erdmittelalters:
  Trias: 251–199,6 Mio. Jahre
  Jura: 199,6–145,5 Mio. Jahre
  Kreide: 145,5–65,5 Mio. Jahre
- **ERDNEUZEIT (KÄNOZOIKUM): 65,5 MIO. JAHRE**
  Perioden der Erdneuzeit:
  Paläogen: 65,5–23,03 Mio. Jahre
  Neogen: 23,03–2,6 Mio. Jahre
  Quartär: 2,6 Mio. Jahre bis heute

PAREIASAURIER LEBTEN IN DER PERIODE DES PERMS AM UND IM WASSER.

Gewicht von fast 600 kg und lebten im feuchten Tiefland, wo sie viel Zeit im Wasser verbrachten. Noch gab es keine Säugetiere auf der Erde, nur verschiedene Therapsiden, aus denen später die Säugetiere entstanden. Vielleicht hatten sie Schnurrhaare und Fell und waren sogar warmblütig.

Am Ende des Perms wimmelte die Erde von Leben. Und dann wurde plötzlich fast jede Art ausgelöscht. Dies war das größte Massenaussterben in der Geschichte der Erde. Über 90 Prozent aller Arten – Pflanzen wie Tiere – verschwanden in dem Massenaussterben an der Perm-Trias-Grenze. Es war vermutlich die Folge von Vulkanausbrüchen in einem Gebiet, das man heute zu Sibirien rechnet.

Obwohl sich das sehr tragisch anhört, solltest du doch eines bedenken: Ohne dieses Massenaussterben hätte es niemals Dinosaurier gegeben. Der Planet hatte nun den Platz und die Ressourcen, um Dinosaurier entstehen und gedeihen zu lassen. Und Millionen von Jahren später ermöglicht die Wissenschaft den Menschen, all das zu erfahren.

Was ist eigentlich ein Dinosaurier?

Heute wissen wir, dass bestimmte Eigenschaften ein Tier zu einem Dinosaurier machen. Doch als die Jagd auf Fossilien zu Beginn des 19. Jahrhunderts begann, waren viele Vorstellungen von Dinosauriern einfach falsch. So dachte man, dass die ausgegrabenen Knochen zu riesigen Echsen gehörten. Tatsächlich bedeutet auch das Wort „Dinosaurier", das im Jahr 1842 geprägt wurde, „schreckliche Echse". Obwohl die Dinosaurier und die Echsen zu den Reptilien gehören, sind sie nur entfernt miteinander verwandt.

Eine Zeit lang nahm man an, dass alle besonders alten Fossilien Dinosaurier seien. Nicht zu den Dinosauriern gehören jedoch Ichthyosaurier, Mosasaurier und Plesiosaurier, die in den Meeren lebten, sowie die Pterosaurier, die als Flugsaurier den Himmel beherrschten.

Heute hat die Wissenschaft die Entdeckungen der letzten 200 Jahre zu einem Bild zusammengefasst. So wissen wir, dass Dinosaurier Wirbeltiere sind. Sie haben also ein Skelett mit einer Wirbelsäule im Innern des Körpers. Säugetiere wie die Menschen und die Pferde, Amphibien wie die Frösche und Salamander sowie die Fische sind Wirbeltiere.

Außerdem sind Dinosaurier Reptilien. Zu diesen gehören auch Schildkröten, Echsen, Schlangen und Krokodile. Und so unwahrscheinlich es klingt – auch Vögel zählen zu den Reptilien. Kaum zu glauben? Das ist es nicht, wenn du verstehst, was ein Tier zum Reptil macht.

So trägt ein Reptil Schuppen irgendwo am Körper. Du weißt sicher, wo du sie bei Fischen oder Schlangen finden kannst. Bei Vögeln befinden sie sich an den Zehen oder auch an den Füßen und Beinen. Außerdem legen Reptilien hartschalige Eier (obwohl es auch lebend gebärende Arten gibt). Reptilien atmen mit Lungen und die meisten von ihnen sind wechselwarm (ihre Körpertemperatur richtet sich nach der Umgebungstemperatur).

Ein Dinosaurier gehört zu einer Reptiliengruppe, die man als Archosaurier bezeichnet. Sie entwickelte sich in etwa zur Zeit des Massenaussterbens am Ende des Perms. Einige Archosaurier überlebten. Da es danach nicht mehr viele Tiere auf der Erde gab, war auch die Konkurrenz um Wasser, Nahrung und Lebensräume gering. So konnten sich die Archosaurier in verschiedene Arten aufspalten. An einem Punkt der Entwicklung teilten sie sich in zwei große Gruppen auf. Aus einer gingen die Vorfahren der Panzerechsen hervor. Die andere teilte sich in Pterosaurier und Dinosaurier auf, und innerhalb der Dinosaurier entstanden die Vögel. So stiegen die Dinosaurier langsam an die Spitze des Tierreichs auf.

ORNITHISCHIER UND SAURISCHIER

EINE DER HAUPTGRUPPEN der Dinosaurier sind die Ornithischier. Sie werden auch als Vogelbecken-Dinosaurier bezeichnet. Ihr vorderer Beckenknochen, das Pubis, weist nach hinten. Der Stammbaum auf der nächsten Seite beschreibt die drei größten Gruppen der Ornithischier.

Die andere Großgruppe sind die Saurischier oder Echsenbecken-Dinosaurier. Bei ihnen zeigt das Pubis nach unten und nach vorn. Im Stammbaum siehst du, dass es zwei große Gruppen von Saurischiern gibt. Ein wenig verwirrend ist, dass die Vögel von den Echsenbecken-Dinosauriern abstammen!

DINOSAURIER-STAMMBAUM

STEVE BRUSATTE

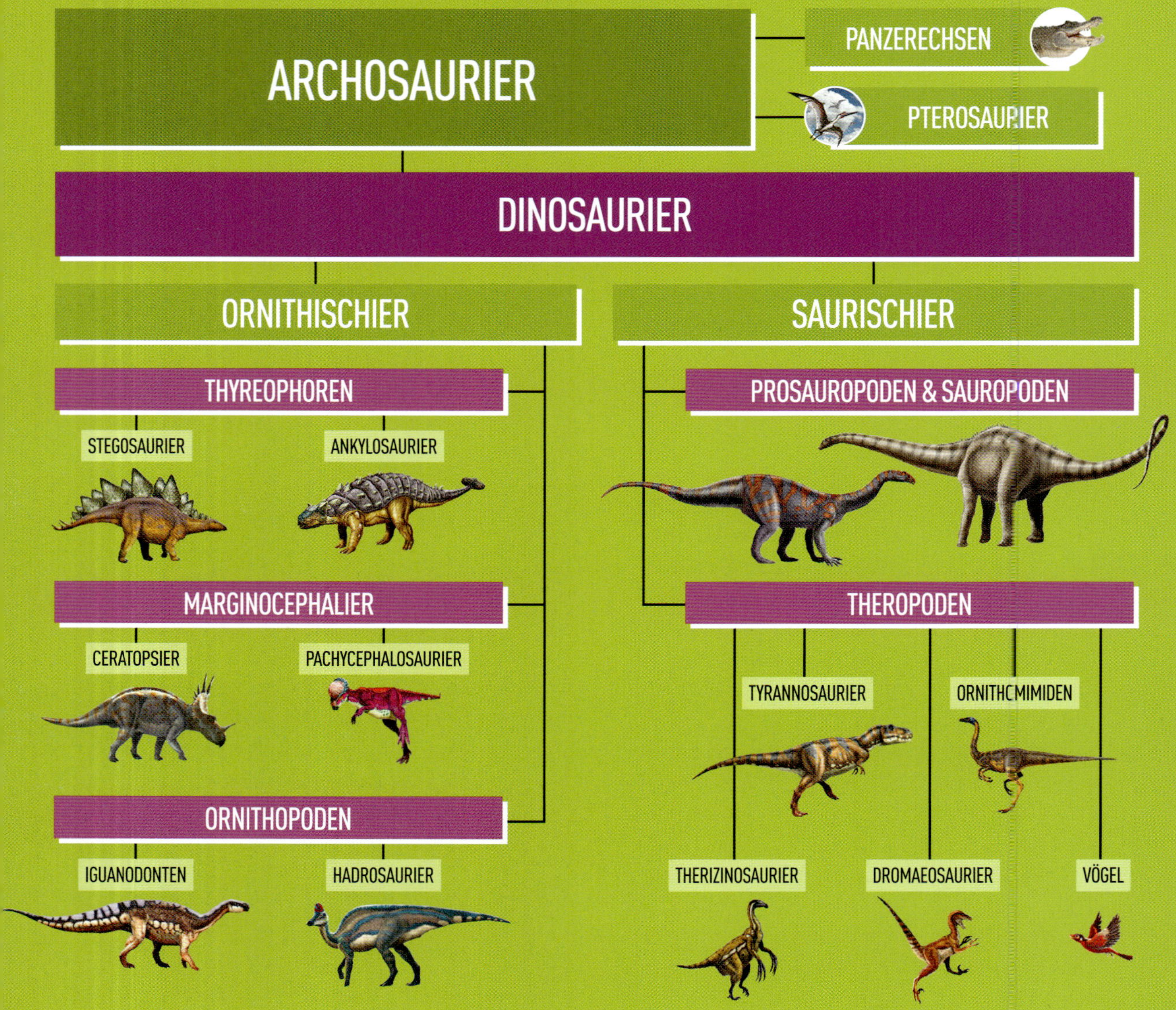

EIN GROSSER TEIL MEINER ARBEIT ist die Erstellung von Stammbäumen für Dinosaurier und andere Tiere. Sie sind sehr nützlich, wenn man verstehen will, wie sich die Arten im Laufe der Zeit verändert haben.

Familienstammbäume erstellen wir anhand alter Fotos und Dokumente. Bei Dinosauriern müssen wir anders vorgehen. Hier untersuchen wir Knochen und Zähne, denen wir bestimmte Eigenschaften zuordnen. Manche Zähne sind spitz, andere sind blattförmig. Manche Skelette haben zehn Nackenwirbel, andere elf oder zwölf. Manche Armknochen sind lang, andere kurz. Es gibt die verschiedensten Hinweise auf Verwandtschaften

FOSSILE BLÄTTER EINER PFLANZE, DIE BEREITS IM PERM EXISTIERTE

Wie sich Dinosaurier entwickelten

Wir befinden uns 230 Millionen Jahre vor unserer Zeit in der Mitteltrias. Die Trias ist eine der drei Perioden des Erdmittelalters. Ganz langsam hat sich die Welt vom Massenaussterben an der Grenze von Perm und Trias erholt. Der Kontinent Pangaea ist ein großer Block mit einer Wüste in der Mitte. In den heißesten und trockensten Zeiten brechen Waldbrände aus. Das meiste Leben existiert an den Rändern des riesigen Kontinents, wo die Bedingungen günstiger sind.

Doch die Verhältnisse ändern sich. Das Klima ist überwiegend heiß und trocken, und der Regen fällt in monsunartigen Regenzeiten. Das ist genug Wasser, um die das Massenaussterben überlebenden Pflanzen am Leben zu erhalten, wie Ginkgos, Nadelgehölze, Schachtelhalme, Farne und riesige Mammutbäume.

PLACODUS BEIM FRESSEN VON MUSCHELN

In den Meeren leben Schildkröten, die zum Teil noch Zähne besitzen. Zu den seltsameren Tieren zählen zum Beispiel *Askeptosaurus*, ein schlangenartiges, vierbeiniges Reptil, oder *Placodus*, ein muschelfressendes Reptil mit Stacheln auf dem Rücken. Auch gibt es den furchterregenden *Nothosaurus*, der fast 3,5 m lang ist und mit seinen spitzen Zähnen Fische und Tintenfische fängt. Mit fünf starken Krallen an jedem Fuß kann er auch auf den Strand kriechen. Im Wasser leben Ichthyosaurier wie *Chaohusaurus*. Das 1,8 m lange, schlanke Tier kann im Wasser lebende Junge gebären.

Am Ende der Trias erschien in den Meeren ein weiteres schwimmendes Reptil. Der erste Nachweis dafür war ein 1,5 m langer Plesiosaurier, der 2015 in Deutschland gefunden wurde. Der eindrucksvollste Plesiosaurier war nicht der langhalsige *Elasmosaurus* – wenngleich auch er von beeindruckender Gestalt ist –, sondern der 11 m lange *Albertonectes*, der mit 7 m den längsten Hals aller Plesiosaurier hatte.

Manche Reptilien konnten wie *Kuehneosaurus* durch die Luft gleiten. Mithilfe seiner von den Rippen aufgespannten Flügel konnte er von Baum zu Baum gleiten. Es gab auch die ersten Flugsaurier, die über die Meere flogen und mit ihren bezahnten Kiefern Fische fingen. Einer dieser Pterosaurier war *Eudimorphodon*, der ein wenig an eine Fledermaus erinnert. Er hatte einen pelzigen Körper und ledrige Flügel. Dank extrem spitzer Zähne hat er wohl selten seine Beute verloren.

Auch Schaben haben das Massenaussterben an der Perm-Trias-Grenze überlebt – und jedes Massenaussterben danach. Das gilt auch für Spinnen, Skorpione und Tausendfüßer. Einige

ERINNERT DICH DER AMEISENBÄR AN ETWAS ... ETWAS PRÄHISTORISCHES?

WAS IST KONVERGENTE EVOLUTION?

HAST DU BEMERKT, dass Wissenschaftler ausgestorbene Tiere oft mit heute lebenden vergleichen, etwa Flusspferden, Spitzmäusen oder Ameisenbären? Sie tun das, um sich leichter verständlich zu machen. Es gibt aber auch etwas, das sich konvergente Evolution nennt. Das bedeutet, dass Arten ähnliche Merkmale entwickeln, obwohl sie nicht nah miteinander verwandt sind. Das betrifft auch die Dinosaurier sowie die Arten, die es vor und nach ihnen gab. In der Trias hatte das Reptil *Triopticus* einen kuppelförmigen, verstärkten Schädel, genau wie die Pachycephalosaurier – Dinosaurier, die erst viel später lebten.

Vorfahren der Säugetiere entwickelten sich zu dieser Zeit, darunter ein an ein Flusspferd erinnernder Pflanzenfresser namens *Placerias*, der Stoßzähne besaß und so groß wie ein Auto wurde. Auch eines der ersten echten Säugetiere erschien in der Trias: der etwa 12 cm große behaarte *Eozostrodon*, der auf vier Füßen lief und in Gestalt wohl einer Spitzmaus ähnelte.

Überall gab es furchterregende Fleischfresser. *Postosuchus* war ein auf zwei Beinen laufendes Reptil mit einem massiven Kopf, das in den Wäldern jagte. *Cynognathus* war ein kleiner, gefährlicher Räuber, dessen Biss leicht die Haut der Pflanzenfresser durchdringen konnte. *Drepanosaurus*, der wie eine Kreuzung zwischen Chamäleon und Ameisenbär aussah, konnte mit seinen Greiffüßen Äste umklammern.

Schließlich kommen wir nun zu unseren Hauptdarstellern. Nur wenige der ersten Dinosaurier der Trias waren wirklich eindrucksvoll. Die meisten waren recht klein – insbesondere im Vergleich mit den späteren Riesen. Sie hatten auch noch nicht ihre Vielfalt entwickelt. Zuerst

DAS REPTIL *POSTOSUCHUS* AUF DER JAGD

gab es überwiegend Prosauropoden – zwei- oder vierbeinige Pflanzenfresser aus der Gruppe der Saurischier, die vor allem in feuchten Gebieten lebten.

Einer der ersten Dinosaurier war *Eoraptor*. Er lebte vor 230 Millionen Jahren im heutigen Argentinien. Sein Name bedeutet „Jäger der Morgenröte", und er gilt als möglicher Vorfahre riesiger Dinosaurier wie der Titanosaurier. Doch mit 90 cm Größe war er eher klein. Seine Form entsprach eher der eines kleinen *T. rex* als der eines *Brontosaurus*. Das schlanke und leichte Tier war ein guter Läufer, der auf zwei Beinen durch seinen Wüstenlebensraum rannte. Die meisten Forscher ordnen ihn als Fleischfresser ein, der Echsen und andere kleine Reptilien fraß. Doch er kann auch Allesfresser gewesen sein, der außer Fleisch auch Pflanzen verzehrte.

Isanosaurus stammt aus einem Gebiet im heutigen Thailand, wo seine Fossilien gefunden wurden. Dieser in Wäldern lebende, dickbäuchige Pflanzenfresser der Obertrias war vielleicht der erste Sauropode. Diese Gruppe stammt von den Prosauropoden ab. *Isanosaurus* hatte einen recht langen Schwanz, den er beim Laufen hoch über den Boden erhoben hielt. Insgesamt war er etwas über 6 m lang. Vom Kopf bis zum Schwanzende zog sich eine Reihe Stacheln über seinen Körper.

Doch in dieser Zeit beherrschten die Dinosaurier noch nicht wirklich die Welt. Einige von ihnen wurden zum Beispiel von größeren Reptilien aus der Krokodillinie der Archosaurier gejagt. Viele Dinosaurier mussten wohl in der Trias ein verstecktes Leben führen, um nicht gefressen zu werden.

Doch wieder einmal half ein Massenaussterben den Dinosauriern. Es fand vor 199 Millionen Jahren am Ende der Trias statt und löschte rund 50 Prozent aller Arten der Welt aus. Zu den Opfern gehörten auch viele Archosaurier der Krokodillinie. Außerdem starben viele Amphibien aus, darunter der salamanderähnliche, räuberische *Metoposaurus*. Den Dinosauriern standen nun Platz und Ressourcen zur Verfügung, um den Planeten übernehmen zu können.

DAS MAUL DES ISANOSAURUS EIGNETE SICH ZUM FRESSEN VON BLÄTTERN.

EIN SÄUGETIERÄHNLICHER DICYNODONTIER (LINKS) UND EIN *EORAPTOR* (RECHTS)

PTEROSAURIER

DIE PTEROSAURIER WAREN die meiste Zeit des Erdmittelalters die bedeutendsten fliegenden Tiere neben den Insekten. Sie waren keine Dinosaurier, aber nah mit ihnen verwandt, mit ähnlichen Hüften und Knöcheln. Ein hüpfendes, insektenfressendes Reptil namens *Scleromochlus* ist vielleicht ein gemeinsamer Vorfahre der Pterosaurier und der Dinosauromorpha gewesen (aus diesen gingen die Dinosaurier in der Trias hervor). Doch was ist nun ein Pterosaurier bzw. Flugsaurier?

PTEROSAURIER WIE *TUPUXUARA* KÖNNTEN IHRE JUNGEN GEFÜTTERT HABEN.

Die Pterosaurier eroberten die Lüfte vor etwa 230 Millionen Jahren – 75 Millionen Jahre vor den ersten Vögeln. Mit ihren hohlen Knochen waren sie gut an das Fliegen angepasst. Ledrige Häute spannten sich zwischen den Fingern und dem Körper auf, doch Federn hatten sie nicht. Wie die Dinosaurier fingen auch die Pterosaurier in der Trias klein an: Ihre durchschnittliche Flügelspannweite betrug 1,2 m. Doch bis zum Ende der Kreide hatten sie teils gigantische Größen erreicht. *Quetzalcoatlus*, der vor 68 Millionen Jahren lebte, könnte mit über 10 m Spannweite das größte flugfähige Tier aller Zeiten gewesen sein.

Vielleicht wurden die Pterosaurier erst so groß, als die Vögel auf der Bildfläche erschienen. Dann hätten beide Gruppen anfangs die gleiche Größe gehabt, doch um Nahrung konkurriert. Möglicherweise entwickelten sich die Pterosaurier zu größeren Fisch- und Fleischfressern und die Vögel zu kleinen Insektenfressern.

Pterodactylus ist vermutlich der berühmteste Pterosaurier. Doch er war nicht der einzige Star.

- *Eudimorphodon:* Dies ist einer der ältesten Pterosaurier mit einem langen Schwanz wie ein Flugdrachen.
- *Ctenochasma:* Seine 400 langen, dicht an dicht stehenden Zähne ermöglichten ihm, Fische aus dem Wasser zu filtern.
- *Gallodactylus:* Dieser Flugsaurier trug einen Kamm auf dem Kopf, vermutlich um Partner zu beeindrucken.

Die Periode des Juras

Vor etwa 200 Millionen Jahren geschah etwas wirklich Bedeutendes. Der Superkontinent Pangaea begann sich bereits in der Obertrias zu teilen, und im Jura zerriss er vollständig. Die obere Hälfte wurde zum Kontinent Laurasia, der sich schließlich in Nordamerika, Eurasien und Grönland teilte. Die untere Hälfte Pangaeas wurde zum Kontinent Gondwana, der sich später in Südamerika, Afrika, Indien, Australien und Antarktika aufteilen sollte. Nun gab es zwei Meere, den Pazifik und die Thetys. Zwischen den Kontinenten befand sich der Protoatlantik. „Proto" heißt hier, dass es sich um den Vorläufer des späteren Atlantischen Ozeans handelte. Er verband auch die beiden neuen Meere miteinander.

LAURASIA UND GONDWANA IM UNTERJURA

Die Wüste in der Mitte Laurasias wurde zum seichten Meer, als das Klima wärmer wurde. (Im Oberjura sollte es allerdings wieder abkühlen.) Aus dem Wasser ragten die ehemaligen Berge als Inseln heraus. Zum Teil entstanden Inseln auch aus der Lava der Vulkane, die an den Brüchen der Erdkruste zwischen den Kontinenten entstanden waren. Anders als viele Tierarten überlebten zahlreiche Pflanzen das Massenaussterben an der Grenze von Perm und Trias, insbesondere Nadelgehölze, die unseren heutigen Mammutbäumen, Zypressen und Eiben ähnelten. Ginkgos, Palmfarne, Schachtelhalme und Farne gediehen auch im Jura, und üppige Wälder entstanden. Auch die Moose kehrten zurück. All diese Pflanzen waren natürlich für die Dinosaurier bei der Ausbreitung über die neuen Kontinente ein gefundenes Fressen.

Am Anfang des Juras waren viele Amphibien und ein großer Teil der nicht zu den Dinosauriern gehörenden Reptilien verschwunden. Doch es gab weiterhin einen Artenreichtum, der immer mehr zunahm. Schnell schwimmende, delfinähnliche Ichthyosaurier tummelten sich in den Meeren. Über 15 m lange Plesiosaurier mit extrem langen Hälsen schnappten nach Fischen und verspeisten sie. Pliosaurier hatten kurze

IM WHIRINAKI FOREST PARK IN NEUSEELAND SIND HEUTIGE PALMFARNE UND FARNE ZU SEHEN.

NADELGEHÖLZE ÜBERLEBTEN DAS AUSSTERBEN.

OSTEODERME UND SCHILDE

OSTEODERME UND SCHILDE werden oft miteinander verwechselt. Doch sie sind nicht dasselbe. Osteoderme sind schützende Hautknochenplatten, die in der Haut wachsen. Die Schilde bestehen dagegen aus Keratin. Es handelt sich um große Schuppen, die die Haut schützen und sich oberhalb der Osteoderme befinden. Aus Keratin bestehen auch unsere Fingernägel sowie die Hörner verschiedener Tiere.

DIESES FOSSIL EINES NODOSAURIERS IST ETWAS BESONDERES, WEIL ES NOCH DIE ERHALTENEN OSTEODERME UND SCHILDE ZEIGT.

Hälse und große Mäuler voller spitzer Zähne. Sie waren groß genug, um Plesiosaurier anzugreifen. Ammoniten besaßen spiralförmige Gehäuse. Weit verbreitet waren auch die Vorfahren der Haie, Rochen und Tintenfische, und die Korallenriffe gediehen. Verwandte unserer heutigen Planktonarten, etwa die Dinoflagellaten, die das Meeresleuchten hervorrufen, verbreiteten sich.

In dieser Zeit tauchten auch die ersten moderneren Säugetiere auf. Nicht lang nach dem Massenaussterben der Perm-Trias-Grenze begann *Megazostrodon* durch die Wälder zu streifen und Insekten und Spinnen zu jagen. Obwohl *Megazostrodon* in Größe und Gestalt einer heutigen Maus sehr stark ähnelte, legte dieser frühe Säuger Eier!

Inmitten dieser Explosion neuer Lebensformen dauerte es nicht lang, bis die großen Sauropoden und die fleischfressenden Theropoden erschienen, aus denen später *T. rex* hervorgehen sollte. Neben ihnen erschienen die gepanzerten Thyreophoren, zu denen die Stegosaurier und die Ankylosaurier gehörten.

Der berühmte *Stegosaurus* war schwer und gut gepanzert. Er war so lang wie ein Bus und wog fast 6,5 t! Und dieser massive Körper wurde

DER JURA WIMMELTE VON LEBEN: *DIMORPHODON, MEGALOSAURUS*, AMMONITEN, PERLBOOTE

von einem Gehirn gesteuert, das nur wenig größer als eine Walnuss war!

Stegosaurus, der wegen seines kurzen Halses nur Moose, Farne und kleine Bäumchen fraß, war ein perfekter Vertreter der Tiere des Juras. Er hatte einen fassförmigen Körper, und sein Schwanz endete in vier großen Stacheln. Ein Fossil eines fleischfressenden *Allosaurus* weist Wunden dieser Stacheln auf, sodass du leicht erraten kannst, wozu sie dienten! Über dem Rücken verlief in einem Zickzackmuster das Markenzeichen des *Stegosaurus* – rautenförmige Platten, die aufrecht standen. Manche Wissenschaftler denken, dass sie bei der Balz oder der Verteidigung eingesetzt wurden. Andere glauben, dass sie Sonnenstrahlen auffingen und das Tier wärmten.

Ceratosaurus stellte für den pflanzenfressenden *Stegosaurus* sicher eine Bedrohung dar. Dieser Theropode namens „Gehörnte Echse" hatte – der Name verrät es schon – Hörner auf dem Kopf, und zwar drei. Außerdem besaß er auf seinem Rücken Osteoderme, schützende Hautknochen.

Doch der mächtigste Feind des *Stegosaurus* war vermutlich *Allosaurus*. Mit über 12 m Länge und über 2 t Gewicht war er kleiner und leichter als die Fleischfresser, die ihm nachfolgen sollten. Seine gut 10 cm langen, gekrümmten Zähne und seine hakenförmigen Krallen konnte er mühelos in das Fleisch eines *Stegosaurus* versenken. Seine Kiefer ließen sich besonders weit öffnen, sodass er große Beute bewältigen konnte. Vermutlich erlegte er den *Stegosaurus* durch Bisse in den Nacken, wo dessen Panzer etwas dünner war.

Während er wohl als Einzelgänger auf die Jagd ging, fraß *Allosaurus* vermutlich in Rudeln schwache oder tote Tiere. Er muss ein furchterregender Anblick gewesen sein, mit Hörnern, die ihm als Waffen gedient haben können. Zudem besaß er starke Arme mit massiven Hakenkrallen an den Fingern sowie messerscharfe Zähne, die ihm sein ganzes Leben lang fortwährend nachwuchsen.

Allosaurus erreichte fast 35 km/h und konnte leicht die langsamen Dinosaurier einholen, denen er nachstellte.

Doch keine Vorstellung des Juras wäre komplett ohne die Tiere, die allmählich die Lüfte eroberten – und wir meinen nicht die Pterosaurier. Es geht um fliegende Dinosaurier! *Anchiornis* ist die älteste dieser Gattungen und seine Fossilien stammen aus dem heutigen China. Er lebte vor 161 Millionen Jahren, trug Federn und war etwa so groß wie ein Huhn. Und wie ein Huhn war er wohl auch kein Flugkünstler, denn seine Federn waren vermutlich zu kurz zum Fliegen. Stattdessen segelte er eher wie ein Flughörnchen von Ast zu Ast und erbeutete dabei Insekten.

MELANOSOME IN DEN FOSSILIEN DES *ANCHIORNIS* GEBEN HINWEISE AUF DIE FARBE SEINES GEFIEDERS.

Manche Wissenschaftler nehmen an, dass *Anchiornis* schwarz-grau gefärbt war und eine rote Federkrone trug. Das fanden sie anhand seiner Fossilien heraus, in denen noch Melanosomen erhalten waren, kleine Säckchen in Pigmentzellen, die Farben bilden.

Zehn Millionen Jahre später lebte der bekannte *Archaeopteryx*. Die Wissenschaftler sind sich einig, dass er ein Dinosaurier war – doch war er auch schon ein Vogel? Vielleicht war er sogar der erste! Doch dazu gibt es unterschiedliche Ansichten. Einerseits besaß *Archaeopteryx* Zähne und einen langen, knochigen Schwanz, genau wie jeder andere Theropode. An den Flügeln trug er Krallen, was nur auf die wenigsten Vögel zutrifft. Doch er besaß auch Eigenschaften heutiger Vögel, wie Federn, Flügel und ein Gabelbein. Und vor allem konnte er fliegen! Paläontologen haben zwölf in Deutschland gefundene Skelette untersucht. Sie stellten fest, dass die Federn für den Flug durchaus tauglich waren. Auch seine Muskeln und Bänder waren geeignet, ihn abheben zu lassen.

Doch mitten in dieser Explosion des Lebens fand am Ende des Juras ein weiteres Massenaussterben statt. Das war vor 145 Millionen Jahren, und ihm fielen die meisten Meerestiere zum Opfer. Doch an Land wurden die Dinosaurier beim Übergang in die Kreide immer größer, zahlreicher und vielfältiger.

ALLOSAURUS JAGTE WOHL ALLEIN, SUCHTE ABER IM RUDEL NACH AAS.

MEERESUNGEHEUER

NACH DEM MASSENAUSSTERBEN am Ende des Perms beherrschten bald große schwimmende Tiere die Meere. Einige Landtiere waren ins Wasser zurückgekehrt, und aus ihnen entstanden die Ichthyosaurier der Trias. Diese Reptilien, die lebende Junge gebaren, erreichten Größen von 75 cm bis zu knapp 22 m. Das ist die Größe eines ausgewachsenen Pottwalbullen!

Zu Beginn des Juras wagten weitere Landreptilien den Gang ins Wasser. Aus ihnen wurden die Plesiosaurier mit ihren langen Hälsen und Flossen. Sie legten ihre Eier an Sandstränden ab, wie es die Meeresschildkröten heute noch tun. Sowohl Ichthyo- als auch Plesiosaurier mussten zum Luftholen auftauchen. Das galt auch für die Mosasaurier, die nächste Generation der Meeresungeheuer, die in der Kreide erschien. Diese guten Schwimmer waren Räuber, die Tintenfische, Plesiosaurier und sogar andere Mosasaurier fraßen.

Als man im 18. Jahrhundert die ersten Mosasaurier-Fossilien fand, konnten sich die Wissenschaftler nicht entscheiden, ob sie zu einem Wal oder einem Krokodil gehörten. Davon lässt sich schon ableiten, wie die Tiere aussahen – mit einem kräftigen Körper, Flossen, einem langen Schwanz und einer schmalen Schnauze voller Zähne, sogar mit einigen Zahnreihen im Gaumen.

Der berühmteste Mosasaurier war der über 15 m lange *Mosasaurus*. Seine kräftigen Kiefer – die stärksten von allen Mosasauriern – konnten mühelos den Panzer einer riesigen Meeresschildkröte knacken.

REICHLICH FISCH FÜR *MOSASAURUS*

Die Periode der Kreide

Interessante Dinge geschahen in der Kreide. Diese Periode begann vor 145 Millionen Jahren, und die Erde sah schon so aus, dass wir sie erkannt hätten. Die beiden großen Superkontinente drifteten auseinander. Dabei zerbrachen sie in kleinere Landmassen. Gondwana zerfiel in Südamerika, Afrika und Indien. Ein vierter Teil sollte sich später davon trennen und Antarktika und Australien bilden. Laurasia zerfiel in Nordamerika und Eurasien. Nun gab es fünf Meere: den Pazifik, das Nordpolarmeer, den Nordatlantik, den Südatlantik und die Tethys.

Das Zerbrechen der Kontinente war sehr bedeutsam. Es trug dazu bei, dass sich die Lebensformen über die Erde verteilten. Das geschah, als sich die Ökosysteme der neuen Kontinente an das sich verändernde Klima und die Eigenschaften des Festlands anpassten. So entstanden neue Arten, unter ihnen auch viele Dinosaurier.

Auch neue Säugetierarten entwickelten sich. Die Säugetiere der Trias und des Juras legten noch Eier, doch einige Arten der Kreide können schon lebend gebärend gewesen sein. Das bedeutet, dass die Jungen im Körper der Mutter von einer Plazenta ernährt und dann geboren werden. Viele damalige Säugetiere ähnelten wohl unseren heutigen Nagetieren, mit spitzen Schnauzen und langen Schwänzen. Manche fraßen vielleicht kleine Dinosaurier.

In der Kreide entwickelten sich in der Linie der Dinosaurier, aus der die Vögel hervorgegangen sind, viele unterschiedliche Arten. Richtige

EINE *PACHYRHINOSAURUS*-HERDE WEIDET IM GRAS.

Krokodile – nicht nur ihre Vorfahren – lauerten in Flüssen und Seen. Nun begann das Leben für die Dinosaurier richtig gut zu werden. Die Zahl der aus der Trias und dem Jura bekannten Stars war zwar zurückgegangen – es gab weniger Sauropoden, Allo- und Stegosaurier. Doch andere Gruppen gediehen, zum Beispiel die gefiederten Dromaeosaurier, die gehörnten Ceratopsier, die entenschnäbligen Hadrosaurier, die großkopfigen Pachycephalosaurier, die gigantischen Titanosaurier, die räuberischen Abelisaurier – und natürlich die Tyrannosaurier.

Es gab in der Kreide so viele verschiedene Arten, dass man gar nicht weiß, wo man anfangen soll. Zum Beispiel *Alxasaurus*. Selbst Wissenschaftler halten ihn für etwas seltsam. Dieser Dinosaurier lief auf den Hinterbeinen, wog 340 kg und war 3,70 m hoch. Sein Körper und seine beiden großen, mit Krallen bewehrten Flügel waren von federartigen Zotteln bedeckt. Zwar war er ein Theropode, er ernährte sich aber von Pflanzen. Er gehörte zu den Therizinosauriern, einer Gruppe, die sich in der Kreide entwickelt hatte und der auch *Therizinosaurus* angehörte, die „Sensenechse", die ihren Namen ihren langen Krallen verdankt.

Doch das waren nicht die einzigen vogelähnlichen Dinosaurier, die in der Kreide auftauchten. Es gab auch die bizarren Ornithomimosaurier. Sie heißen so, weil sie wie Vögel aussehen (das griechische Wort *ornis* bedeutet „Vogel"). Sie ähnelten den Straußen. Insbesondere der *Struthiomimus*, dessen Name „Straußennachahmer" bedeutet, sah ihnen ähnlich. Er entwickelte sich vor etwa 76 Millionen Jahren in der Oberkreide, in der er auf seinen kräftigen Beinen über die Ebenen des späteren Kanada lief. An den Vorderflügeln besaß er drei mit Krallen versehene Finger, mit denen er vielleicht Dinge ergreifen konnte. Er besaß

ALXASAURUS WAR SICHERLICH EIN UNGEWÖHNLICHER DINOSAURIER!

FÜR *STRUTHIOMIMUS* BEDEUTETE SCHNELL LAUFEN NAHEZU 50 KM/H!

einen sehr langen Hals und einen spitzen Schnabel, mit dem er Früchte und Nüsse von Sträuchern knabberte. Auch kleine Tiere verschmähte er nicht. Er besaß keine Zähne mehr – im Gegensatz zu einigen frühen Ornithomimosauriern, die noch bis zu 230 Stück gehabt hatten!

Deinocheirus, dessen Name „Schreckliche Hand" bedeutet, lebte etwas später als *Struthiomimus*, und zwar in der heutigen Mongolei. Als Erstes fand man von diesen Tieren einige bis zu 2,4 m lange Arme. Doch später entdeckte Fossilien lieferten ein vollständigeres Bild. Das Tier wies einen großen Buckel auf, hatte kurze Hinterbeine und einen Entenschnabel. Wissenschaftler nehmen an, dass es sich ähnlich bewegte wie die Watvögel, die an der Küste ins Wasser und wieder heraus laufen. Vielleicht fraß es zusätzlich zu Pflanzen auch Fische. Wenn man sich die Zeichnungen von *Deinocheirus* ansieht, erkennt man, dass die Ornithomimosaurier mit den Tyrannosauriern verwandt waren. Beide Gruppen haben also einen gemeinsamen Vorfahren. Mit 11 m Länge und knapp 5,5 t Gewicht war dieses gefiederte Tier durchaus ein Konkurrent für *Tyrannosaurus*

VÖGEL SIND DINOSAURIER!

HAT DIR SCHON EINMAL JEMAND GESAGT, dass die Dinosaurier überhaupt nicht ausgestorben sind? Das ist nicht nur Wunschdenken, sondern die Wahrheit! Sie leben immer noch unter uns – als Vögel! Vielleicht wegen der Art und Weise, in der sie sich vor 150 Millionen Jahren entwickelt hatten, überlebten die Vögel als einzige Dinosaurier das Massenaussterben.

Du wunderst dich, wieso Vögel Dinosaurier sein sollen? Die Geschichte fängt mit den fleischfressenden Theropoden an. Vor 160 Millionen Jahren spalteten sich die Vögel als eigene Theropodengruppe ab. Schon im Unterjura hatten ihre Vorfahren Merkmale wie das Gabelbein entwickelt. Sie wurden kleiner und leichter. Ihre bezahnten Schnauzen wandelten sich in zahnlose Schnäbel um. Arme und Hände wurden zu Flügeln. Lauffüße wurden zu Füßen, die um Zweige greifen konnten. Und schließlich diente das ursprünglich nur wärmende Federkleid dem Gleiten und Fliegen.

Woher wissen wir all das? Die Fossilien zeigen uns die Entwicklung vom gefiederten, flugunfähigen *Deinonychus* über den gleitenden *Archaeopteryx* bis zu den rund 10 000 heutigen Vogelarten. Die Gruppe der Hühnervögel teilt am meisten Eigenschaften mit ihren Theropoden-Vorfahren.

Die Theorie, dass Vögel Dinosaurier sind, wurde bereits in den 1860er-Jahren von dem britischen Biologen Thomas Henry Huxley aufgestellt. Und sie wird seit fast 160 Jahren von der Wissenschaft bestätigt!

RICHTIG – DIESER EMU IST EIN DINOSAURIER!

VELOCIRAPTOR ZERLEGTE SEINE NAHRUNG MIT 60 ZÄHNEN.

rex, wenn es um den Titel des größten Theropoden geht.

Die Dromaeosaurier waren eine weitere vogelähnliche Gruppe. *Utahraptor* war der größte von ihnen und der vierflügelige *Microraptor* der kleinste. Es gab auch *Deinonychus*, den manche Wissenschaftler für den bedeutendsten Dinosaurierfund aller Zeiten halten. Als er im Jahr 1960 entdeckt wurde, stellte man fest, dass viele Vorstellungen von Dinosauriern falsch waren. Dinosaurier bewegten sich nämlich keineswegs langsam und träge. Außerdem entdeckte man die großen Übereinstimmungen von Dromaeosauriern und Vögeln. Dazu gehören der Bau der Hälse, die großen Augenhöhlen im Schädel und die langen Arme und Hände.

Die „schreckliche Kralle" *Deinonychus* besaß tatsächlich große Sichelkrallen an den Fingern. Riesige Krallen saßen auch am zweiten Zeh des Fußes. Die Krallen wurden wohl eingesetzt, um die Beute zu verletzen oder sich an ihr festzuhalten. Wie alle Arten seiner Gruppe war *Deinonychus* ein mächtiges Raubtier. Vielleicht lebte und jagte er auch in Rudeln und lauerte wie die heutigen Löwen seiner Beute auf.

Ein weiterer wichtiger Dromaeosaurier war *Velociraptor*. Dieser „schnelle Räuber" aus der heutigen Mongolei ist 40 Millionen Jahre jünger als *Deinonychus*. Er war mit 2,10 m Länge gegenüber dem 3 m langen *Deinonychus* etwas kleiner und wog etwas über 13,5 kg. Seine langen Kiefer trugen etwa 60 sehr scharfe, gesägte Zähne. In der Kreidezeit gab es genug Fleisch zu fressen, darunter Käfer, Frösche, kleinere Dinosaurier, andere Reptilien, Säugetiere und Pterosaurier. Und obwohl *Velociraptor* nicht fliegen konnte, trug er Federn. Vermutlich wärmten sie ihn und wurden von ihm bei der Balz oder der Brutpflege eingesetzt.

Velociraptor ist auch Teil eines berühmten Fossils, das man „kämpfende Dinosaurier" genannt hat. Im Jahr 1971 grub ein Paläontologe in der Wüste Gobi einen *Velociraptor* aus. Bemerkenswert war, dass eine seiner Krallen im Hals eines *Protoceratops* steckte, und dieser Pflanzenfresser hatte sich in den Arm des *Velociraptor* verbissen. Ein solcher Fund war überraschend. Doch die Wissenschaftler glauben nicht, dass er eine typische Szene aus der Kreidezeit zeigt. Warum? Weil der *Protoceratops* groß wie ein Schaf und daher als Beute für den *Velociraptor* zu groß war. Vielleicht hat dieser ihn nur angegriffen, weil er hungrig war. Oder der *Velociraptor* war ein Jungtier, das seine Grenzen noch nicht kannte.

Confuciusornis ist ein weiterer gefiederter Theropode der Kreide. Er wird bereits zur Gruppe der Aves gezählt, zu der auch unsere heutigen Vögel gehören. Der mit 30 cm Länge vogelgroße *Confuciusornis* hatte einen dicken, spitzen Schnabel und zum Fliegen geeignete Federn und Flügel. Wahrscheinlich flog er aber nur recht unbeholfen. Seine Schultern waren für das elegante Fliegen nicht geeignet und die Brustmuskulatur war nicht stark genug. Die Männchen besaßen zwei lang ausgezogene Schwanzfedern. Der vor etwa 125 Millionen Jahren lebende *Confuciusornis* hinterließ viele Fossilien rund um einen prähistorischen See in China, weshalb die Wissenschaftler annehmen, dass er in riesigen Schwärmen lebte.

Es ist vielleicht schwer vorstellbar, dass all diese vogelartigen Tiere mit den Tyrannosauriern verwandt waren. Doch sie gehörten alle zu den Echsenbecken-Dinosauriern und waren fleischfressende Theropoden. Auch besaßen sie wohl alle Federn.

Auch *Yutyrannus*, ein Tyrannosaurier der Unterkreide, trug Federn. Mit einem Alter von

CONFUCIUSORNIS-FOSSIL AUS DER UNTERKREIDE

125 Millionen Jahren ist er ein älterer Verwandter des in der Oberkreide lebenden *T. rex*. Trug auch er Federn? Die Antwort lautet: vielleicht.

Yutyrannus stand auf zwei mit Krallen bewehrten Füßen und hatte kurze Arme, deren Finger Krallen trugen. Er besaß starke Kiefer mit spitzen, kleinen Zähnen und einen dicken Schwanz. Verglichen mit *T. rex* war er mittelgroß, wog knapp 2,3 t und war etwas über 9 m lang. Doch vielleicht war er das größte gefiederte Tier, das jemals auf der Erde gelebt hat. Seine haarähnlichen Federn bedeckten ihn von Kopf bis Fuß. Sie entsprachen nicht denen der Vögel.

Im Verlauf der Kreide wurden die Tyrannosaurier immer größer. Es kann sein, dass nur

PROTOCERATOPS GEGEN VELOCIRAPTOR: WER GEWINNT?

ihre Jungen Federn trugen, um nicht auszukühlen. Das bedeutet, dass sie sie später verloren. Gefiederte *T.-rex*-Babys? Möglich (aber vielleicht nicht so richtig niedlich).

Steve Brusatte wirkte an der Beschreibung eines neuen Dinosauriers mit, den man 2014 in China fand. Er erhielt den Namen *Qianzhousaurus* und wegen seiner langen Nase den Spitznamen „Pinocchio rex". Man weiß allerdings nicht, ob er Federn besaß.

Qianzhousaurus lebte zur gleichen Zeit wie *Tyrannosaurus rex*, doch sie waren keine Konkurrenten, denn der eine lebte in Asien und der andere in Nordamerika. Die schmale Schnauze von *Qianzhousaurus* deutet darauf hin, dass er kleinere Beute – vielleicht sogar Fisch – bevorzugte, und seine Zähne konnten keine Knochen bewältigen. Er besaß eine Reihe kleiner Hörner auf seiner Nase. Interessant ist, dass dieser Fund die Wissenschaftler dazu veranlasste, sich Gedanken über einige ältere Tyrannosaurier zu machen. Sie hatten geglaubt, dass die langen Schnauzen der Tyrannosaurier der Gattung *Alioramus* bei erwachsenen Tieren kürzer wurden. Nun wissen sie, dass *Qianzhousaurus* und *Alioramus* zu einer neuen Gruppe langschnauziger Dinosaurier gehören.

Doch die Tyrannosaurier waren nicht die einzigen schnellen, starken Fleischfresser. Es gab auch die Abelisaurier. Während die Tyrannosaurier die nördlichen Kontinente bevölkerten, verbreiteten sich die Abelisaurier auf den südlichen. Ihre Fossilien wurden in Marokko, Argentinien und auf Madagaskar gefunden. Als die Tyrannosaurier größer wurden, verloren sie ihre Hörner und anderen Kopfschmuck. Doch die Abelisaurier bekamen immer größere und ausgefallenere Kopfverzierungen, je mehr sie sich weiterentwickelten. Allerdings wurden ihre Arme nicht länger. Bei den meisten von ihnen waren sie nur winzig klein.

CARNOTAURUS TRUG AUF DEM GANZEN KÖRPER OSTEODERME.

Abelisaurus war der erste ausgegrabene Abelisaurier. Er lebte vor etwa 85 Millionen Jahren in Südamerika und besaß keinerlei Kopfschmuck. *Majungasaurus* lebte vor 70 Millionen Jahren auf Madagaskar. Er trug nur ein Horn auf dem Kopf, das zu brüchig zum Kämpfen war. Doch er hatte einen dicken Schädel. *Rajasaurus*, der „König der Echsen", wurde in Indien gefunden und ist auch etwa 70 Millionen Jahre alt. Oben auf seinem Schädel saß ein kleines Horn. Sein argentinischer Cousin, *Carnotaurus*, trug kräftigere, bedrohlichere Hörner oberhalb der Augen. Sein Körper war durch Osteoderme geschützt.

Diese Fleischfresser waren stark genug, um es mit Titanosauriern aufzunehmen. Tatsächlich waren wohl Abelisaurier wie *Abelisaurus* die wichtigsten Fressfeinde von *Saltasaurus*. Natürlich war *Saltasaurus* mit etwas über 12 m Länge und unter 6,5 t Gewicht nicht der größte Titanosaurier. Für einen 7,30 m langen und knapp 1,5 t schweren *Abelisaurus* wäre er aber schon ein schöner Brocken gewesen, zumal er auch durch Osteoderme geschützt war. Auch wenn *Abelisaurus* vielleicht hin und wieder einen erlegen konnte – die größten Titanosaurier waren für ihn wohl unerreichbar.

Einer Theorie zufolge wurden die Titanosaurier immer größer, weil auch ihre Fressfeinde, die Theropoden, immer weiter wuchsen. Wenn das ihr Überleben sichern sollte, so hat es funktioniert! Andere Sauropoden wie die Diplodociden

DER GIGANTISCHE *ARGENTINOSAURUS*

und die Brachiosauriden starben wohl schon vor dem Ende der Kreide aus. Doch die Titanosaurier hielten durch. Ihre Fossilien findet man auf fast jedem Kontinent. *Patagotitan* hatte zum Beispiel überhaupt keine Feinde. So wurden die Titanosaurier zur vielfältigsten und langlebigsten Sauropodengruppe überhaupt.

In der Größe reichten sie von 7,30 m Länge und etwas über 1,5 t Gewicht bis zu über 37 m Länge und über 77 t Gewicht. Manche besaßen kurze Beine und normale Hälse, andere hatten schlanke Hälse, die ausgestreckt viel länger als ihr Körper waren. Manche hatten Entenschnäbel, doch die meisten besaßen breite, kurze Schnauzen. Da sie so groß waren und ungeheuer viel Pflanzenmaterial pro Tag benötigten, hatten sie sich daran angepasst, viel Unterschiedliches auf verschiedene Weise zu fressen. Sie konnten sich hochrecken, um Blätter und Zapfen zu erreichen, Borke abschälen und ganze Zweige vertilgen. Wir haben unser Wissen, dass es in der Kreide bereits Gras gab, auch den Titanosauriern zu verdanken. Ihre Koprolithen (versteinerter Kot) enthalten nämlich die verschiedensten Gräser. Vorher dachten die Wissenschaftler, dass sich die Gräser erst in der Erdneuzeit entwickelt hätten.

HADROSAURIER-SCHÄDEL

Während sich die Titanosaurier auf vier kurzen, stämmigen Beinen und plumpen Füßen fortbewegten, lief eine andere Gruppe von Pflanzenfressern der Kreidezeit auf zwei Beinen mit Füßen, die an die eines Kamels erinnerten. Es waren die Hadrosaurier, die du vielleicht als Entenschnabelsaurier kennst – aufgrund ihrer Schnäbel. In diesen steckten komplizierte Zähne, mit denen sie Pflanzenfasern zerkleinerten, die sonst zu schwer verdaulich gewesen wären. Das ständige Kauen veränderte die Form der Zähne – es waren Hunderte –, sodass sie immer effektiver kauten. Auch wuchsen die Zähne ständig nach.

Etwa die Hälfte dieser Dinosaurier waren Hadrosaurier im engeren Sinne. Die andere

DER NÖRDLICHSTE DINOSAURIER, *UGRUNAALUK*

DER KNOCHENZAPFEN VON *PARASAUROLOPHUS* DIENTE WOHL DER ERZEUGUNG VON LAUTEN.

Hälfte trug Fortsätze auf dem Schädel. Diese Gattungen nannte man Lambeosaurier. Ihr Kopfschmuck konnte recht spektakulär sein, mit großen oder kleinen Beulen, an ein Einhorn erinnernden Hörnern oder flossenartigen Fortsätzen. Er sollte wohl nicht nur auffällig sein, sondern noch einen anderen Zweck erfüllen: Töne erzeugen. Deshalb waren die Nasenhöhlen mit diesen Fortsätzen verbunden. So konnten die Lambeosaurier tiefe, laute, vibrierende Töne von sich geben. Haben sie einander damit vor Räubern gewarnt? Oder hielten sie so die Herde zusammen? Wollten sie Geschlechtspartner beeindrucken? Die Wissenschaftler arbeiten noch an den verschiedenen Theorien.

Maiasaura ist ein Hadrosaurier aus der Oberkreide. Der Name bedeutet „Gute-Mutter-Echse". Mit 9 m Länge gehörte *Maiasaura* zu den größten Hadrosauriern, sah aber recht unspektakulär aus. Als diese Gattung ausstarb, nahm *Edmontosaurus* ihren Platz ein, ein größerer nordamerikanischer Hadrosaurier. Im Jahr 2015 fanden Paläontologen einen neuen Hadrosaurier in Alaska (USA), den sie *Ugrunaaluk* nannten. Er lebte von allen Hadrosauriern am weitesten im Norden, vermutlich zum Teil im Schnee.

Parasaurolophus war der Inbegriff aller Lambeosaurier. Er trug den auffälligsten Kopfschmuck von allen: einen Knochenzapfen, der mit der Nase verbunden war und nach hinten weit über den Kopf hinausragte. Vermutlich illustriert er am besten, wie Hadrosaurier Töne erzeugten. Der Knochenzapfen war von Röhren durchzogen, sodass er einer Trompete ähnelte. Ob er wohl auch so klang?

Die Wissenschaftler wissen nicht, welche Geräusche von den Pachycephalosauriern erzeugt wurden, einer anderen Gruppe von Dinosauriern mit auffällig geformten Köpfen. Diese Dickkopfsaurier der Oberkreide hatten Schädelknochen, die über 40 cm messen konnten – über 20-mal mehr als das Schädeldach anderer Dinosaurier. Die Wissenschaftler haben eine Gattung sogar *Colepiocephale,* also Knöchelkopf, genannt.

Wozu besaßen die Pachycephalosaurier wohl ihre dicken Schädel? Die wichtigste Theorie ist, dass sie damit andere Dinosaurier rammten. Das wurde wohl während der Entwicklung der Pachycephalosaurier immer wichtiger, denn der erste bekannte Dinosaurier dieser Gruppe, der vor 76 Millionen Jahren lebende *Goyocephale*, besaß nur einen leicht verdickten Kopf. Der vor 70 bis 66 Millionen Jahren lebende *Pachycephalosaurus* hatte dagegen schon eine 20 bis 25 cm dicke Knochenkuppel, die wie eine Kappe auf seinem Schädel saß. Sie war außerdem von kurzen Fortsätzen umgeben, die sich auch über die Nase zogen.

Der nur 4,6 m große *Pachycephalus* hatte auch interessante Zähne. Einige waren die eines typischen Blattfressers und befanden sich hinter dem Schnabel. Doch spezielle Backenzähne dienten wohl zum Zerkleinern von Nüssen und Früchten.

Im Verlauf der Kreide wurden auch die Köpfe der Ceratopsier immer größer. Vor 75 Millionen Jahren lebte der 2,4 m große und über 80 kg schwere *Protoceratops*, der Hörner auf den Wangen und einen massiven Nackenschild besaß. Der 3,6 t schwere *Pachyrhinosaurus* lebte vor 73 bis 69 Millionen Jahren in Nordamerika. Auch er besaß einen großen Nackenschild. Außerdem bedeckte ein großer Knochenwulst die Nase, ein zweiter befand sich oberhalb der Augen. Ein Nachbar war der wehrhafte *Styracosaurus*, ein massiver Ceratopsier mit Hörnern, die seinem Nackenschild entsprangen. Er besaß auch ein großes Horn auf der Nase, sodass er wie ein prähistorisches Nashorn wirkte.

STYGIMOLOCH (LINKS) TRUG EINEN EINFACHEREN KOPFSCHMUCK ALS VIELE PACHYCEPHALOSAURIER.

Die Wissenschaftler sind sich sicher, dass der Kopfschmuck der Ceratopsier Partner anlocken und Rivalen abschrecken sollte, doch sie fragen sich, warum er bei den verschiedenen Arten so unterschiedlich aussah. Eine der wahrscheinlichsten Theorien ist, dass ein *Styracosaurus* einen anderen an seiner Hörnern und seinem Nackenschild erkennen konnte und gleichzeitig wusste, dass ein *Protoceratops* kein *Styracosaurus* war. Da die Wissenschaftler immer mehr Fossilien von Ceratopsiern finden – ebenso wie von Pachycephalosauriern und Hadrosauriern – werden sie auch nach und nach mehr Antworten auf diese Fragen finden.

DIE LAUTE DER DINOSAURIER

PACHYCEPHALOSAURIER ERZEUGTEN vermutlich mithilfe ihres Kopfschmucks trompetenartige Geräusche. Doch wie klangen andere Dinosaurier? In Filmen brüllen sie, aber wahrscheinlich ähnelten ihre Lautäußerungen eher einer Mischung aus Krokodil- und Vogellauten.

Die Dinosaurier erzeugten ihre Laute wohl bei geschlossenem Maul. Ähnlich verfahren heute die Tauben, die zum Gurren Luft in ihren Kropf pressen. Auch Krokodile gehen ähnlich vor, aber natürlich sind ihre Töne viel lauter. Und die Dinosaurier übertrafen sie noch! Wie kann man sich deren Geräusche also vorstellen? Wissenschaftler tippen darauf, dass sie ähnlich klangen wie die der größten heutigen Vögel – der Strauße und Kasuare.

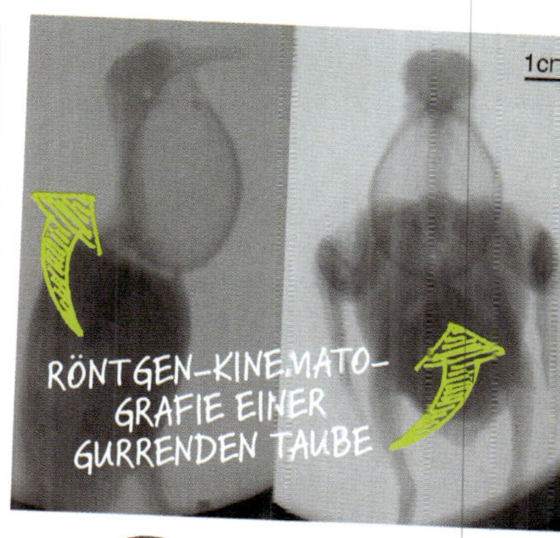

RÖNTGEN-KINEMATOGRAFIE EINER GURRENDEN TAUBE

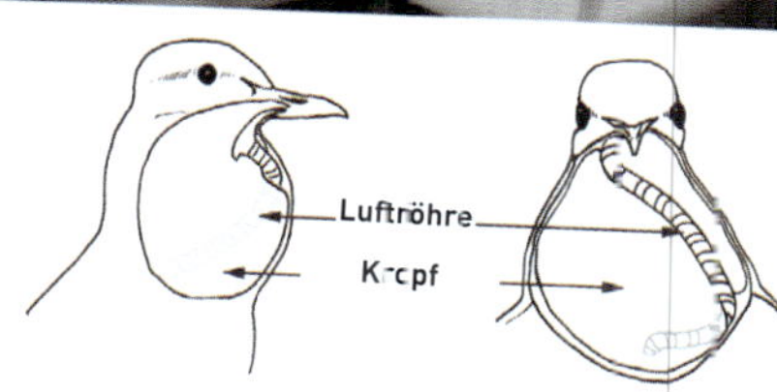

MACH MIT

AUF DER SPUR

SPURENFOSSILIEN SIND SEHR WICHTIG, denn aus ihnen können Paläontologen schließen, welche Dinosaurier wo vorkamen.

Mithilfe der Übersicht auf der rechten Seite kannst du die Spuren in den Fotos unten erkennen. Dann überlege dir, was du über diese Dinosaurier weißt, und denke dir eine passende Geschichte aus. Waren diese Dinosaurier Fleisch- oder Pflanzenfresser? Waren sie alle erwachsen? Wie groß waren sie wohl? Warum sind sie an diesen Ort gekommen? Waren sie alle gleichzeitig hier?

Zeichne die Szene auf, die deine Geschichte beschreibt. Überlege, welche anderen Tiere in die Szene passen, und füge sie wie ein richtiger Künstler hinzu!

1. MÜNCHEHAGEN (DEUTSCHLAND)

2. DINOSAUR RIDGE, COLORADO (USA)

3. MOENAVE-FORMATION, ZION-NATIONALPARK, UTAH (USA)

DINOSPUREN-FÜHRER

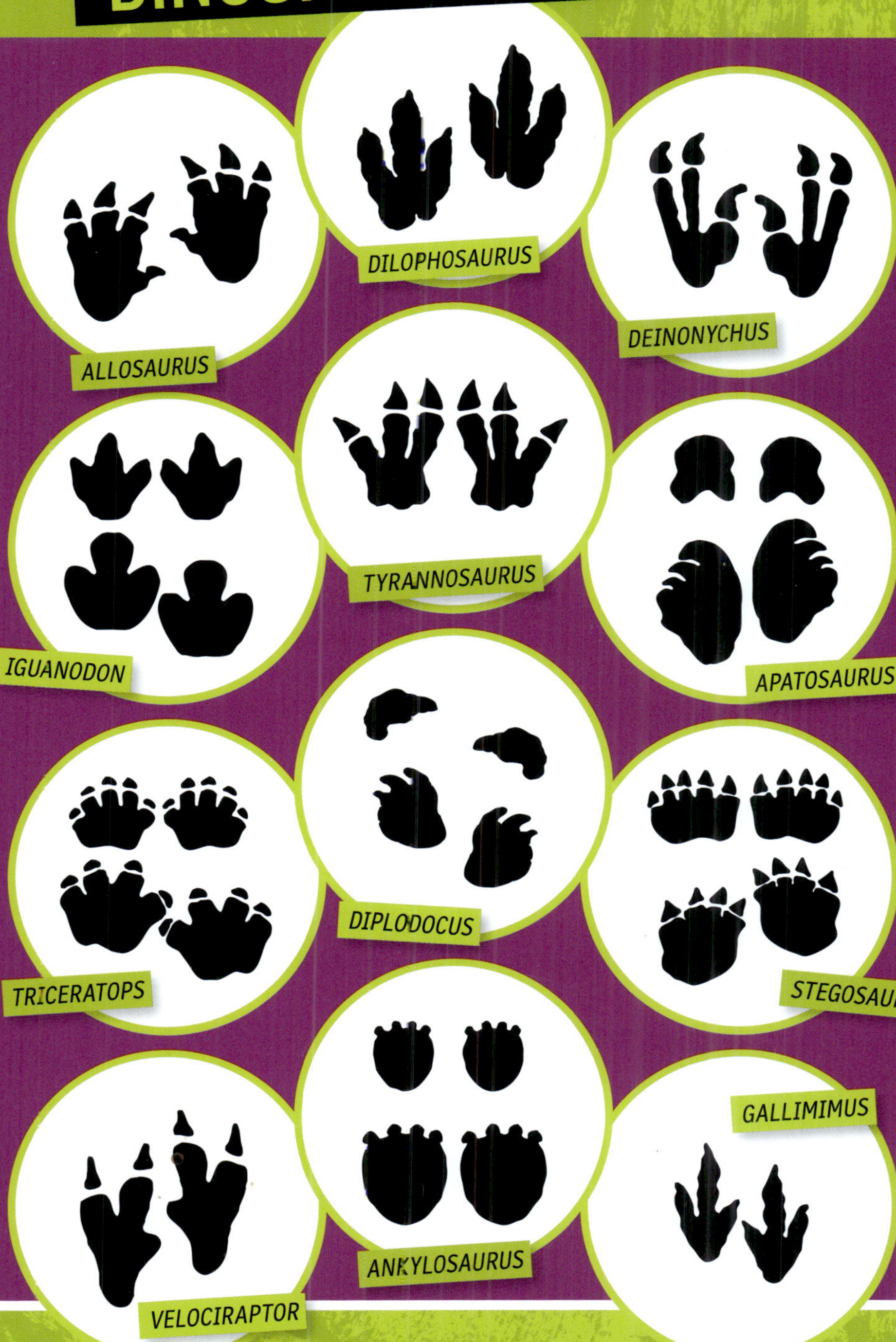

ANTWORTEN: 1. Wissenschaftler glauben, dass die Fährte von einem *Diplodocus* stammt. 2. Es gibt zwei Fährten: *Iguanodon* und *Gallimimus*. 3. Die Wissenschaftler nehmen an, dass die Fährte von einem *Dilophosaurus* stammt.

KAPITEL 3

WIE DIE DINOSAURIER LEBTEN

TRICERATOPS LEBTE IN DER OBERKREIDE.

EINLEITUNG

STEVE BRUSATTE

DIE SCHÖNE ISLE OF SKYE BIETET EINE BEZAUBERNDE LANDSCHAFT

vor der schottischen Küste, mit hoch aufragenden Bergen und Bächen, die sich durch den Torf winden.

Sie ist auch eine der besten Stellen, um Fossilien aus dem Mitteljura zu finden.

Als ich im Jahr 2015 dorthin kam, besuchte ich einen Ort auf der nordöstlichen Seite der Insel, in der Nähe einer Burgruine. Hier hatte ein befreundeter Geologe Gesteine kartiert. Dabei hatte er einen kleinen Knochen gefunden, an dem ich sofort Zahnfächer erkannte. Er stellte sich als der Kieferknochen eines hundegroßen Krokodils heraus, das hier vor 170 Millionen Jahren gelebt hatte. Mir war klar, dass ich bald hierher zurückkommen musste!

Ich fand keine weiteren Krokodilknochen, jedoch Fischknochen und Haizähne. Eines Tages krochen meine Studenten und ich auf Händen und Füßen umher und sammelten Zähne. Die Sonne ging allmählich unter, es wurde kalt und windig. Es war Zeit, Feierabend zu machen.

Die Studenten packten zusammen und gingen zu den Fahrzeugen. Ich blieb mit Tom Challands, einem befreundeten Paläontologen, zurück, und wir liefen ein Stück weit durch die Gezeitenzone.

Dort fanden wir plötzlich reifengroße runde Abdrücke im Gestein. Wir sahen genauer hin und bemerkten, dass sie nicht ganz rund waren, sondern Ausnehmungen hatten, die wie Zehen wirkten. An manchen Stellen waren paarweise Abdrücke, große und kleine, und dann wussten wir, dass wir Fußabdrücke von Dinosauriern gefunden hatten – und dazu von den größten, den Sauropoden. Und als wir uns umschauten, sahen wir immer mehr!

Meine Studenten und ich verbrachten die nächsten Tage mit der Kartierung des Geländes. Wir entdeckten in der Bucht und im Gestein des seichten Wassers drei Schichten dieser Fährten. Das zerstörte mein Bild von den Sauropoden, die in meiner Vorstellung immer über Land donnerten und Staub aufwirbelten. Warum hatten sie hier in der Nähe der Küste gelebt? Hatte es hier Nahrung gegeben? Waren sie hier vor ihren Fressfeinden sicher?

Das ist nur schwer zu beantworten, doch wir können auf jeden Fall sagen, dass es sich um die ersten Sauropodenfährten in Schottland handelt. Wir wissen nun, dass diese Dinosaurier in unterschiedlichen Lebensräumen vorkamen.

STEVE SUCHT NACH KLEINEN FOSSILIEN, DIE SICH IN DERSELBEN SCHICHT BEFINDEN WIE DIE FUSSABDRÜCKE.

WIR SAHEN REIFENGROSSE RUNDE ABDRÜCKE IM GESTEIN.

STEVE BRUSATTE (RECHTS) MIT SEINEM KOLLEGEN TOM CHALLANDS ZWISCHEN SAUROPODEN-FUSSABDRÜCKEN

WIE WAR ES WOHL, DAS LEBEN ALS DINOSAURIER?

Auf den ersten Blick scheinen Dinosaurier nicht viel mit dir gemeinsam zu haben. Sie waren keine Säugetiere. Sie mussten nicht ihr Zimmer aufräumen. Und sie sind größtenteils tot. Doch als sie noch lebten, galten für sie bestimmte Regeln – wie für alle anderen Tiere.

KRATZSPUREN, VERMUTLICH VON DER BALZ DER TIERE

Damit eine Art erhalten bleibt, müssen die Tiere sich paaren und Junge bekommen. Diese müssen diesen Prozess so lang wie möglich wiederholen, und das gilt auch für Dinosaurier.

Mütter und Väter

Sagen wir einmal, du willst als Dinosaurier einem anderen süßen Dinosaurier dein Interesse zeigen. Wie machst du das? Du kannst keine Blumen schicken und WhatsApp gab es noch nicht. Man nimmt nun an, dass manche Dinosaurier getanzt haben. Männchen haben vielleicht Staub aufgewirbelt, um Weibchen zu beeindrucken. So entstanden tiefe Furchen, die man in Colorado und an anderen Dinosaurier-Fundorten in den westlichen USA entdeckt hat. Sie ähneln den nestartigen Löchern, die von einigen Vögeln bei der Balz angelegt werden – aber natürlich sind sie viel größer. Einige der fossilen Furchen haben die Größe einer Badewanne!

SO KÖNNTEN DIE BALZTÄNZE DER THEROPODEN AUSGESEHEN HABEN.

Doch die Dinosaurier hatten wohl mehr als eine Vorgehensweise, mögliche Partner zu beeindrucken. Männliche Theropoden wie *Gorgosaurus* und *Sinraptor* bissen Konkurrenten vermutlich ins Gesicht, um den Weibchen zu zeigen, wer stärker und daher ein geeigneter Vater für ihre Jungen war. *Triceratops*-Männchen setzten vielleicht ähnlich wie Hirsche die Hörner im Kampf ein, um Weibchen zu beeindrucken. Doch andere Dinosaurier besaßen Körperteile, die weder stabil noch praktisch genug waren, um zur Verteidigung oder zur Jagd eingesetzt zu werden. Daher nehmen Wissenschaftler an, dass sie der Balz dienten. Dazu gehört sicher auch der Kopfschmuck der Hadrosaurier, der möglicherweise auch bunt war und seinen Träger größer und attraktiver aussehen ließ.

VERSUCHEN DIESE *TRICERATOPS*-MÄNNCHEN, DIE WEIBCHEN ZU BEEINDRUCKEN?

Stegosaurus könnte die Platten auf seinem Rücken und die Schwanzstachel auch bei der Balz eingesetzt haben. Und die Hörner und Nackenschilde der Ceratopsier dienten vielleicht ähnlichen Zwecken. Manche gefiederte Dinosaurier besaßen lange Schwanzfedern, die sie vielleicht möglichen Partnern präsentierten.

Die ganz große Frage ist, welcher Dinosaurier vor welchem balzte. Wissenschaftler glauben, dass die Männchen vor den Weibchen balzten. Bei den meisten uns bekannten Tierarten sind die Männchen auffälliger, sodass man das auch bei den Dinosauriern annimmt. Beispielsweise sind die Männchen vieler heutiger Tierarten größer als die Weibchen. Oder sie sind bunter oder besitzen ein besonders auffälliges Körperteil. Doch wie wir auch an heutigen Arten sehen können, ist das nicht immer der Fall.

DER KOPFSCHMUCK DES *TSINTAOSAURUS* SPIELTE VIELLEICHT BEI DER BALZ EINE ROLLE.

STEGOSAURUS-MÄNNCHEN TRUGEN WOHL GRÖSSERE RÜCKENPLATTEN ALS DIE WEIBCHEN.

Ein Problem bei der Erforschung des Dinosaurierlebens ist, dass wir nicht immer genug vollständige Fossilien haben, um zu wissen, ob das Exemplar mit dem größeren Kamm oder den längeren Schwanzfedern ein Männchen oder ein Weibchen ist. Doch nach und nach können die Wissenschaftler die Hinweise zusammensetzen.

Im Jahr 2005 fanden Forscher heraus, dass sich bei einem in Montana (USA) gefundenen *T. rex* Knochensubstanz in der Markhöhle der Röhrenknochen befand. Das findet man ansonsten nur bei weiblichen Vögeln. Dieser *T. rex* war also ein Weibchen. Der sogenannte medulläre Knochen in der Markhöhle enthält viel Kalzium, das die Vögel zur Bildung der Eischale benutzen. Seitdem haben Wissenschaftler medullären Knochen auch bei *Allosaurus* und *Tenontosaurus* gefunden, und sie suchen danach auch bei anderen Gattungen. Nun besteht die Chance, die Frage nach dem Geschlecht auch bei anderen Dinosauriern zu lösen.

SCHNITT DURCH *T.-REX*-KNOCHEN MIT ÄUSSEREM KOMPAKTEM KNOCHEN (K) UND INNEREM MEDULLÄREM KNOCHEN (M).

Stegosaurus lieferte einen weiteren Hinweis. Früher nahm man an, dass es zwei unterschiedliche Arten gab: eine mit normalen Knochenplatten auf dem Rücken und eine mit breiteren, größeren Platten. Im Jahr 2015 stellte sich heraus, dass die Skelette abgesehen von den Knochenplatten vollkommen identisch sind. Also nahmen die Wissenschaftler an, dass das Weibchen einen Typ Platten trug und das Männchen einen anderen. Im Jahr 2015 fanden britische Paläontologen heraus, dass der erwachsene *Protoceratops* einen größeren Nackenschild trug als ein Jungtier. Die Schilde wuchsen also bis zum Eintritt der Geschlechtsreife. Und das bedeutet, dass sie die Partner anderen Geschlechts beeindrucken sollten. Doch wer hatte den größeren Schild? Männchen oder Weibchen? Diese Frage ist noch ungeklärt.

MAIASAURA FÜTTERT IHRE JUNGEN.

Start ins Leben

Alle Dinosaurier wuchsen in Eiern heran, die ihre Mütter in Nester abgelegt hatten. Und wie die Dinosaurier selbst unterschieden sich auch diese Nester. Einige waren große Erdhügel mit Mulden in der Mitte – je größer der Dinosaurier, desto größer das Nest. Die größten Dinosaurier legten über 20 Eier. Manchmal waren diese Gelege in Kreisen und manchmal in einer geraden Linie angeordnet. War der Dinosaurier zu groß, um sie zu bebrüten, ohne sie zu zerdrücken, bedeckte er sie vielleicht mit Moosen, Blättern und Zweigen, um sie bis zum Schlupf der Jungen warm zu halten.

Manche Dinosaurier, zum Beispiel die Hadrosaurier, brüteten in großen Kolonien. Sie kehrten jedes Jahr zu denselben Nestern zurück, um ihre Eier zu legen. Da sie zu groß waren, um sich auf die Eier zu setzen, hielten sich Hadrosauriereltern, wie die „Gute-Mutter-Echse" *Maiasaura*, neben ihren Nestern auf, um sie vor räuberischen Säugetieren und Schlangen zu schützen. Sie fütterten ihre Jungen sogar! Die Hadrosaurier waren nämlich gleich nach dem Schlüpfen noch klein und hilflos.

BRUT-DAUER

WISSENSCHAFTLER WISSEN, wie lange es bei Dinosauriern von der Eiablage bis zum Schlupf der Jungen dauerte. Wie fanden sie das heraus? Man hat Fossilien von Dinosaurier-Embryonen in versteinerten Eiern entdeckt.

Wissenschaftler haben 85 g schwere *Protoceratops*-Eier und über 4 kg schwere *Hypacrosaurus*-Eier untersucht. Vor allem die Zähne der Embryonen interessierten sie. Es stellte sich heraus, dass diese ähnlich wie Baumstämme Wachstumsringe aufweisen, an denen sich ihr Alter ablesen lässt. So konnten die Wissenschaftler herausfinden, wie viel Zeit bis zum Schlupf vergeht. Bei den kleinen *Protoceratops*-Eiern waren es insgesamt drei Monate und bei den basketballgroßen *Hypacrosaurus*-Eiern sechs Monate.

PROTOCERATOPS BEIM SCHLUPF AUS DEM EI

Andere große Dinosaurier, wie der Titanosaurier *Rapetosaurus,* blieben wohl nicht in der Nähe ihrer Nester. Fossilien der Jungen zeigen, dass sie mit einem Gewicht von 3,4 kg fast wie eine kleine Version der nahezu 17 t schweren Eltern aussahen. Ihre Köpfe, Körper und Gliedmaßen wiesen fast die gleichen Proportionen auf. Das verrät den Wissenschaftlern, dass sie wohl schon für sich selbst sorgen konnten. Dasselbe gilt wohl für einige nicht zu den Vögeln zu rechnenden Theropoden, die schon als Neugeborene mit ihren großen Zähnen und Krallen selbstständig waren.

Kleinere Dinosaurier, beispielsweise *Oviraptor*, *Troodon* und *Deinonychus*, setzten sich dagegen wohl auf ihre Eier, um sie zu bebrüten. Dabei bedeckten sie die Eier mit ihren Federn und legten manchmal die Flügel über sie. Wahrscheinlich beteiligten sich auch die Männchen der *Troodon* und anderer Arten an der Brut – wie es heute auch bei vielen Vogelarten üblich ist.

Wissenschaftler haben herausgefunden, dass sich beide *Maiasaura*-Eltern auch noch nach dem Schlupf um ihre Jungen kümmerten. Sie sorgten nicht nur für ihre Sicherheit, sondern fütterten sie auch. Vielleicht brachten sie ihnen auch bei, wie man nach Nahrung sucht. Bei manchen Dinosauriern wie *Psittacosaurus* kümmerten sich wohl die halbwüchsigen Tiere der Herde um die Jungen. Bei anderen in Herden lebenden Dinosauriern, wie dem Theropoden *Falcarius*, dem Ceratopsier *Protoceratops* und dem Ankylosaurier *Pinacosaurus*, lebten junge Saurier in eigenen Gruppen zusammen, getrennt von den Erwachsenen.

Überleben in der Wildnis

Wie junge Dinosaurier nach dem Schlupf lebten, hing wohl vor allem von ihrer Art ab, da sie alle sehr unterschiedlich waren. Viele Pflanzenfresser scheinen Herdentiere gewesen zu sein.

KLEINE FLEISCHFRESSER WIE *VELOCIRAPTOR* JAGTEN MÖGLICHERWEISE IN RUDELN.

SAUROPODEN BLIEBEN ZU IHRER SICHERHEIT ZUSAMMEN.

Paläontologen haben Spuren gefunden, die zeigen, dass viele Tiere gemeinsam liefen. Sie haben auch Lagerstätten entdeckt, die von unterschiedlich alten Tieren der gleichen Art stammen. Wenn sie zusammen gestorben sind, haben sie höchstwahrscheinlich auch zusammen gelebt.

Zusammenbleiben bietet Tieren, die von Fressfeinden verfolgt werden, Sicherheit. Das Leben in der Herde erhöht die Überlebenschancen, wenn Räuber in der Nähe sind. Es lohnt sich, wenn viele Artgenossen gemeinsam nach Angreifern Ausschau halten.

Kleine Fleischfresser könnten auch in Rudeln gelebt haben, um gemeinsam effektiver zu jagen. Der 2,7 m lange *Deinonychus* hätte beispielsweise allein keinen viel größeren Sauropoden überwältigen können, doch in der Gruppe wäre es durchaus möglich gewesen.

Andere Dinosaurier lebten vielleicht auch in Paaren, die gemeinsam Junge aufzogen, Reviere verteidigten und Nahrung suchten.

Dinosaurier aller Altersgruppen können durchaus gesellig gewesen sein. Im Jahr 2015 fanden Wissenschaftler an einem deutschen Strand eine Fährte, die sie *Megalosauripus* nannten (ja, richtig – Fährten können einen eigenen Namen bekommen). Sie konnten daran ablesen, dass hier zwei zweibeinig laufende, mittelgroße Fleischfresser gemeinsam spaziert waren. Einer war jung, der andere älter – vielleicht ein Jungtier mit Elternteil. Also hielten sich auch nicht in Herden lebende Tiere in der Gesellschaft von Artgenossen auf.

Überraschende Eigenschaften

Dinosaurier wuchsen wohl meistens sehr schnell heran. Das liegt zum Teil daran, dass manche direkt nach dem Schlupf selbstständig sein mussten. Paläontologen fanden heraus, dass Dinosaurier ihre volle Größe und Geschlechtsreife nach zwei Jahren (ein kleiner *Psittacosaurus*) oder nach bis zu 20 Jahren (ein großer *Tyrannosaurus rex*) erreichten.

Weil Dinosaurier schnell wuchsen und weil Vögel viele Eigenschaften ihrer ausgestorbenen Verwandten besitzen, begannen Wissenschaftler sich zu fragen, ob Dinosaurier wie diese auch gleichwarm waren.

Da Dinosaurier Reptilien waren, hielten Wissenschaftler sie ursprünglich für wechselwarme Tiere. Die Körpertemperatur von Echsen, Schlangen, Fischen und Fröschen hängt von der Temperatur ihrer Umgebung ab. Reptilien wärmen sich in der Sonne oder auf warmen Steinen auf.

FRÜHER GLAUBTE MAN, DASS DINOSAURIER WECHSELWARM WAREN WIE DIESER KROKODILTEJU.

Gleichwarme Tiere, wie Hunde, Mäuse und Vögel, heizen ihre Körper selbst auf und sorgen durch Isolation (zum Beispiel durch Fell oder Federn) dafür, dass die Wärme nicht verloren geht. Wechselwarme Tiere sind nur dann aktiv, wenn sie ausreichend aufgewärmt sind. Gleichwarme Tiere können dagegen fast immer aktiv sein, da sie ja ihre eigene Wärme erzeugen. Sie können auch schneller als wechselwarme Tiere Nahrung verarbeiten und zur vollen Größe heranwachsen.

Um diese Frage zu lösen, untersuchten Wissenschaftler Boden aus dem Erdmittelalter. So konnten sie die Umgebungstemperatur zu verschiedenen Zeiten während dieser 165 Millionen Jahre abschätzen. Sie untersuchten auch die Eischalen der Dinosaurier, um die Körpertemperatur der Weibchen zu ermitteln,

VIELLEICHT REGULIERTEN DINOSAURIER IHRE TEMPERATUR WIE DIE WEISSEN HAIE.

die sie gelegt hatten. Wahrscheinlich waren Dinosaurier weder gleich- noch wechselwarm, sondern irgendetwas dazwischen.

Einer anderen Untersuchung zufolge könnte es sich bei Dinosauriern ähnlich wie beim Weißen Hai verhalten haben. Dieser Knorpelfisch ist eigentlich wechselwarm. Doch die Muskelaktivität bei der Jagd oder auf der Flucht erwärmt das Blut und ermöglicht eine höhere Leistungsfähigkeit. Doch der Weiße Hai kann die höhere Körpertemperatur nicht auf Dauer beibehalten, wie es die Menschen tun. Haie sind aber auch nicht darauf angewiesen. Und vielleicht waren es die Dinosaurier auch nicht.

Ein bisher wenig erforschter Teil der Dinosaurier ist das Gehirn. Das liegt daran, dass es – wie Muskeln, Herz, Leber und Darm – aus weichem Gewebe bestand. Anders als die Knochen verweste dieses Gewebe und blieb nicht als Fossil erhalten. Um also etwas über das Gehirn zu erfahren, müssen die Forscher die Schädelhöhlen von fossilen Dinosaurierschädeln untersuchen. Und lange Zeit hielt man diese Schädelhöhlen für ziemlich klein, sogar unmöglich klein. Wie konnte ein walnussgroßes Gehirn ein Tier steuern, das so groß wie ein Auto war?

Im 19. Jahrhundert waren manche Forscher der Ansicht, dass große Dinosaurier wie *Camarasaurus* und *Stegosaurus* tatsächlich zwei Gehirne besaßen – eines im Kopf und ein weiteres im Hinterteil. Sie fanden nämlich die Schädelhöhlen viel zu klein! Und im Hüftbereich der Wirbelsäule besaßen einige der großen Dinosaurier einen zweiten, größeren Hohlraum, den niemand erklären konnte. Vielleicht hatte dort ein zweites Gehirn gesteckt? Es hätte den unteren Teil des Dinosauriers kontrollieren können – ähnlich wie ein zweiter Mensch im Hinterteil eines Pferdekostüms. Die Wissenschaftler glaubten, dass ein zweites Gehirn einige Eigenschaften der Dinosaurier gut erklären könnte.

KLEINE GEHIRNE WIE DAS DES *CAMARASAURUS* FINDEN SICH MEIST BEI WECHSELWARMEN TIEREN.

GROSSE GEHIRNE WIE DAS DES *TROODON* KOMMEN MEIST BEI GLEICHWARMEN TIEREN VOR.

Doch mittlerweile gibt es die Theorie, dass es sich nicht um ein Gehirn, sondern um einen Glykogenkörper als Energiespeicher gehandelt haben könnte. Und obwohl das eine Gehirn der Dinosaurier ziemlich klein war, hat es wohl ausgereicht, um ihnen das Überleben und Gedeihen zu ermöglichen.

Es gibt mit einem kleinen Gehirn in einem großen Körper eigentlich nur ein Problem. Große Körper produzieren viel Wärme. Wie haben es die großen Fleischfresser geschafft, dass ihr Gehirn in ihrem Schädel nicht gebraten wurde? Wissenschaftler glauben, dass sie ein spezielles Kühlungssystem besaßen. Ihr Kreislaufsystem, das Blut und Sauerstoff im Körper verteilte, führte die Körperwärme vielleicht über die Nasenhöhlen ab, bevor sie das Gehirn überhitzen konnte. Letztendlich hatten die Dinosaurier ziemlich einfache Bedürfnisse: zu fressen, sich zu paaren und sich zu schützen. Dazu verließen sie sich auf ihre Sinnesorgane.

APATOSAURUS-ZÄHNE DIENTEN DEM ABSTREIFEN VON BLÄTTERN.

Sieht man sich die Hirnschädel fleischfressender Dinosaurier an, kann man feststellen, dass sie meist große Riechkolben besaßen. Tyrannosaurier und andere Theropoden konnten also sehr gut riechen und ihre Beute aufspüren. Fleischfresser hörten und sahen auch gut, was ihnen bei der Jagd nützte. Insgesamt besaßen die Fleischfresser von allen Dinosauriern die größten Gehirne. Vermutlich waren die kleinen Theropoden, etwa *Troodon* oder *Velociraptor,* die intelligentesten von ihnen.

Während die großen Fleischfresser besonders gut riechen konnten, hatten die kleinen Pflanzenfresser gute Augen. Als mögliche Opfer der Fleischfresser mussten sie ihre Fressfeinde möglichst frühzeitig erblicken. Vielleicht mussten sie auch gut im Dunkeln sehen können. Die Schädel der Pflanzenfresser zeigen, dass sie große Augenhöhlen hatten und in alle Richtungen blicken konnten.

Andere Körperteile, die uns wichtige Informationen über die Lebensweise der Dinosaurier liefern, sind ihre Zähne. Sie bestehen im Wesentlichen aus Zahnbein und Zahnschmelz. Daher blieben sie gut als Fossilien erhalten. Tatsächlich fanden die Paläontologen von manchen Arten nur die Zähne. Doch sie gehören auch zu den wichtigsten Fossilien, denn von ihnen können wir ableiten, wie die Tiere zubissen und kauten.

An den Zähnen kann man ablesen, ob die Dinosaurier Fleisch-, Fisch- oder Pflanzenfresser waren oder ob sie von allem etwas verspeisten, als Allesfresser. Sie erzählen uns, ob die Dinosaurier am Boden oder in den Baumkronen Nahrung fanden, ob sie sie kauten oder am Stück verschlangen. Sie verraten uns etwas über die Lebensräume der Dinosaurier und die Nahrung, die es dort gab. Sie erzählen uns, welches Alter ein Dinosaurier hatte, als er starb, und wie sich die Arten im Lauf der Zeit entwickelten.

Manche Dinosaurier besaßen nur wenige Zähne gleichzeitig, andere dagegen viele. Manche hatten nur eine Art von Zähnen, andere besaßen viele unterschiedliche. Manche hatten nur vorn im Maul Zähne, andere an Ober- und Unterkiefer, wieder andere hatten zusätzlich noch Backenzähne. All diese unterschiedlichen Zähne oder Zahngruppen liefern uns Erkenntnisse darüber, wie die Dinosaurier fraßen und wovon sie sich ernährten.

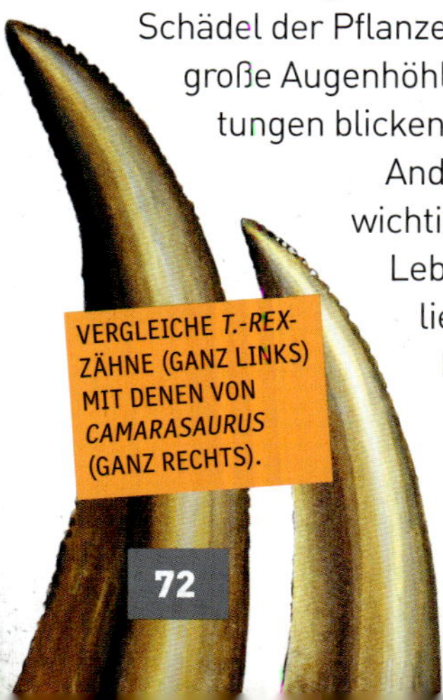

VERGLEICHE *T.-REX*-ZÄHNE (GANZ LINKS) MIT DENEN VON *CAMARASAURUS* (GANZ RECHTS).

Fast allen Dinosauriern wuchsen die Zähne regelmäßig nach. Zu stark abgenutzte Zähne wurden von den nachwachsenden aus dem Kiefer gedrückt. Das ist ein Grund, warum die Paläontologen so viele Dinosaurierzähne finden. Manche Dinosaurier besaßen im Verlauf ihres Lebens mehrere Tausend Zähne, die sie benutzten und wieder verloren.

Fleischfresser

Die Zähne der Theropoden hatten eine besondere Form. Doch nicht alle Fleischfresser fraßen das Gleiche oder nahmen die Nahrung auf die gleiche Weise auf. Die meisten besaßen spitze, schmale, gebogene Zähne, die an beiden Seiten gesägt waren – wie eine Säge oder ein Brotmesser. Nach hinten gerichtete Zähne waren gut geeignet, die Beute beim Biss zu schwächen und Fleisch zu zerteilen. Viele Fleischfresser, wie *Allosaurus* und *Carcharodontosaurus*, hatten solche gesägten, nach hinten gebogenen Zähne. Sie besaßen in ihren Kiefern gleichzeitig mehrere Dutzend davon,und jeder einzelne war um die 13 cm lang – oder sogar länger!

Pflanzen- und Allesfresser

Natürlich waren pflanzenfressende Dinosaurier daran angepasst, ganz andere Nahrung zu sich zu nehmen als die Fleischfresser. Das zeigte sich auch an ihren Köpfen und Zähnen. Viele besaßen Backentaschen, in denen sie die Nahrung beim Grasen verstauen konnten. Verschiedene Arten hatten auch unterschiedliche Zahnformen, mit denen sie Pflanzen aller Art zermahlen, raspeln oder abpflücken konnten. Manche Dinosaurier besaßen auch gleichzeitig verschiedene Zahntypen. Das ermöglichte ihnen, den größten Teil der ihnen zur Verfügung stehenden Vegetation zu bewältigen.

EIN FOSSILER *TRICERATOPS*-BACKENZAHN

GROSSE BACKENZÄHNE

DER *TRICERATOPS* besaß die kompliziertesten Zähne, die man kennt. Sie bestehen aus fünf Schichten unterschiedlicher Materialien.

HETERODONTOSAURUS HATTE EINEN SCHNABEL UND DREI ARTEN VON ZÄHNEN.

NAHRUNGSRESTE IN KOPROLITHEN

WOHER WISSEN WISSENSCHAFTLER, was Dinosaurier fraßen? Dinosaurierzähne verraten viel über ihre Nahrung. Wir können dieses Wissen mit den Fossilien der Pflanzen und Beutetiere jener Zeit vergleichen. In seltenen Fällen finden Paläontologen auch Dinosaurierfossilien mit noch gefüllten Mägen. Im Jahr 2012 entdeckten sie zwei mit zottigen Federn bedeckte *Sinocalliopteryxe*, deren Bäuche *Confuciusornis* und einen unbestimmten Dromaeosaurier enthielten.

Doch der häufigste Hinweis auf die Nahrung der Dinosaurier stammt aus ihren Koprolithen. Das ist ihr versteinerter Kot. Diese Koprolithen werden in großen Mengen gefunden. Doch um sie zu entdecken, muss man ganz genau wissen, wonach man sucht, denn die meisten von ihnen sehen wie längliche Gesteinsklumpen aus. Wissenschaftler, die sie aufgebrochen haben, entdeckten allerdings alle möglichen interessanten Dinge – Knochen, Muskelgewebe, Pflanzen, Blätter von Bäumen, Holzstücke und Gräser. Das Schwierige daran ist herauszufinden, welcher Dinosaurier welche Art von verdauter Nahrung ausgeschieden hat.

KOPROLITHEN VERRATEN, WAS DIE TIERE GEFRESSEN HABEN.

Bleibende Eindrücke

Wie die Gehirne der Dinosaurier bestand auch ihre Haut aus Gewebe, das weicher war als die Knochen. Sie wurde gefressen oder verfaulte, bevor sie versteinern konnte. Lange mussten Wissenschaftler und Paläokünstler heute lebende Tiere studieren, wenn sie wissen wollten, wie wohl Dinosaurierhaut ausgesehen hatte. Doch sie konnten sich nie sicher sein, ob ihre Vermutungen auch stimmten.

Zum Glück war man aber nicht immer auf derartige Mutmaßungen angewiesen. Gelegentlich gab es auch andere Hinweise auf das Aussehen der Dinosaurier als das, was ihre Knochen über sie verrieten. Hin und wieder fanden Paläontologen Spuren der verschiedenen Hüllen, die die Muskeln und Knochen der Dinosaurier umgaben.

Eine Möglichkeit bieten die Abdrücke, die die Haut der Dinosaurier hinterlassen hat. Wenn sich ein Dinosaurier hinlegte oder stürzte, konnte sich das Muster seiner Haut in den Boden einprägen. Vielleicht stand er wieder auf und lief weiter, vielleicht wurde er aber auch von Aasfressern verzehrt. Doch sein Abdruck im Schlamm blieb erhalten. Dieser verwandelte sich mit der Zeit in Gestein und das Gestein wurde schließlich zum Fossil.

Eine andere Möglichkeit, wie ein Hautabdruck erhalten blieb, war durch einen Abguss, der ganz ähnlich entstand wie ein Abdruck. Hier tropfte jedoch Schlamm

EIN FOSSILER ABDRUCK VON HADROSAURIERHAUT

PALÄOKÜNSTLER

STEVE BRUSATTE

UM EIN BILD von den schottischen Sauropodenspuren und der damaligen Lagune zu erhalten, arbeiteten Tom Challands und ich mit Jon Hoad zusammen, einem schottischen Künstler. Er zählt zu den besten Paläokünstlern der Welt – nicht nur auf dem Gebiet der Sauropoden, sondern auch im Hinblick auf andere Dinosaurier, Tiere und Pflanzen. Er weiß viel mehr über die Pflanzen des Juras als ich – er ist ein richtiger Spezialist. In der Mitte des Juras war die Isle of Skye ein warmer, feuchter, üppig bewachsener Lebensraum. Allerdings war sie heftigen Stürmen ausgesetzt. Jon Hoad brachte all diese Information im Bild unter. Immer wieder sprachen wir darüber und verbanden so Wissenschaft und Kunst. Unten ist das Bild zu sehen, das Jon geschaffen hat. Es wirkt wie eine postapokalyptische Szene, ein schlechter Tag auf Skye. Ein paar Sauropoden waten zwischen totem Holz, Blättern und anderen verstreuten Gegenständen umher. Sie haben einen Sturm überstanden und suchen Nahrung. In der Luft gleiten Pterosaurier im Aufwind und halten nach angespülten Fischen Ausschau. Frühe Tyrannosaurier beobachten die Sauropoden und fragen sich: *Will ich wirklich ins Wasser gehen? Sind die nicht zu groß, um sie zu jagen?*

JON HOADS BILD DER SAUROPODEN, DIE DIE FÄHRTEN AUF DER ISLE OF SKYE HINTERLASSEN HABEN.

SCHUPPIGE HAUT EINES TITANOSAURIERS

SCHÜTZENDE SCHUPPEN EINES ANKYLOSAURUS ...

... UND EINES TRICERATOPS

auf einen Dinosaurier und füllte alle Falten seiner Haut. Wiederum wurde der Lehm zum Gestein und der Abdruck der Haut zum Fossil. Die Abdrücke, die die Paläontologen im Lauf der Zeit fanden, vermittelten ihnen eine ganz gute Vorstellung davon, wie Dinosaurierhaut wohl aussah. Sie wissen, dass Dinosaurier eine schuppige Haut hatten und – obwohl die Muster von Gattung zu Gattung unterschiedlich waren – dass die Schuppen meist nebeneinander lagen und sich nicht überlappten wie bei den Fischen. Sie lernten auch, dass die Schuppen von *Diplodocus* nur stecknadelkopfgroß waren. Und die kleinen, kieselsteinartigen Schuppen, die den Körper von *Edmontosaurus* bedeckten, waren von noch kleineren Schuppen umgeben. *Psittacosaurus* besaß runde Schuppen verschiedener Größen, die das Tier von Kopf bis Fuß bedeckten. Ein neu entdecktes Fossil eines Titanosauriers aus dem heutigen Spanien, der in der Oberkreide lebte, zeigt ein Blütenmuster – einen großen Buckel in der Mitte, der von fünf oder sechs kleineren umgeben ist. Abdrücke der Haut des Titanosauriers *Saltasaurus* zeigen, dass sie von Schilden bedeckt war, die eine flexible, aber robuste Panzerung bildeten.

All diese Schuppen dienten dem Schutz der Haut. Sie schützten vor Insektenstichen, vor den Dornen der Büsche und den Zähnen anderer hungriger Tiere. Und obwohl eine robuste Haut wichtig war, musste sie auch flexibel sein, damit sich die Dinosaurier bewegen konnten.

Im Gegensatz zur normalen Haut blieb die harte Panzerung, die zum Beispiel die Ankylosaurier besaßen, meist erhalten. Die Buckel und Platten waren Osteoderme, also in die Haut eingelagerte Knochenstücke. Sie waren mit Schilden bedeckt, die aus Keratin bestanden. Das ist die gleiche harte Substanz, aus der auch unsere Fingernägel und die Hörner verschiedener Tiere bestehen. Diese sind hart genug, um zum Fossil

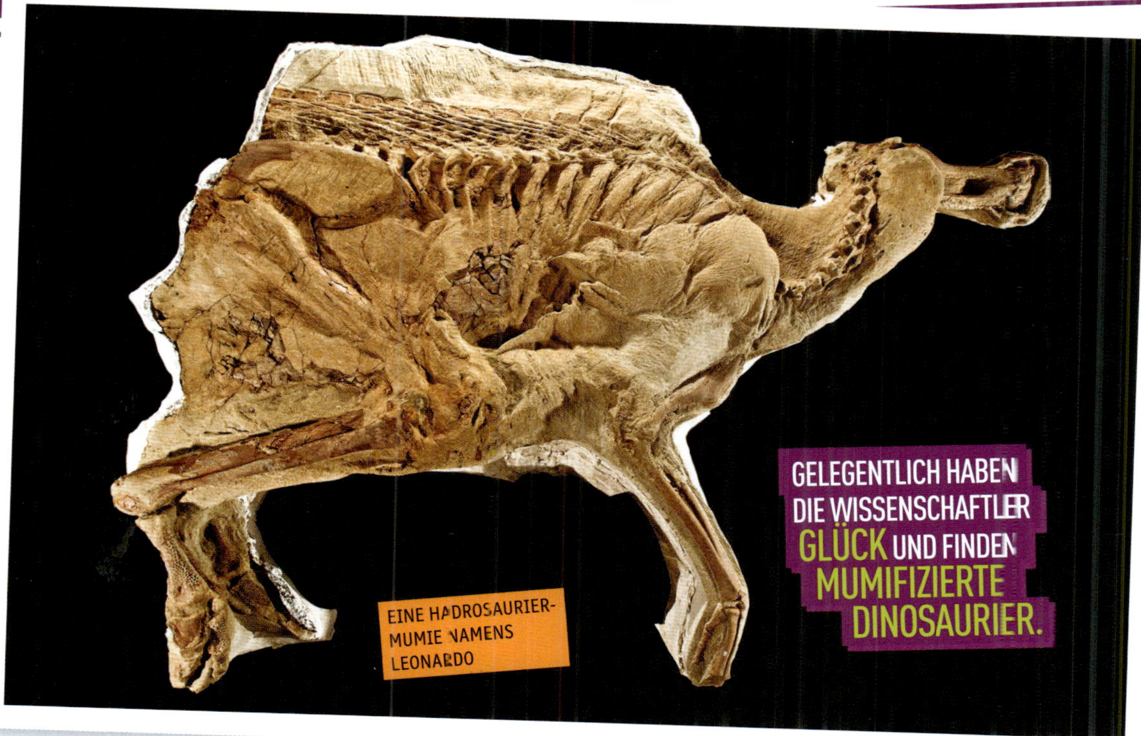

EINE HADROSAURIER-MUMIE NAMENS LEONARDO

zu werden. Auch Abdrücke der Ankylosaurerhaut existieren. Sie verraten, wie die mit Schilden bedeckten Osteoderme angeordnet waren.

Mit sehr viel Glück finden Paläontologen auch mumifizierte Dinosaurier. Damit sie mit der Haut und anderem Gewebe erhalten bleiben, müssen die Bedingungen stimmen. Am besten ist es, wenn die Umgebung extrem trocken und sauerstoffarm ist, da Feuchtigkeit und Sauerstoff zur Verrottung beitragen.

Im Jahr 2001 fanden Paläontologen einen fast vollständig mumifizierten Dinosaurier in Montana (USA). Die Abdrücke der Haut waren am ganzen Körper erhalten – an den Beinen, dem Brustkorb, dem Hals und an einem Arm. Dank dieser „Leonardo" genannten Mumie musste man nicht mehr rätseln, wie Hadrosaurierhaut aussah. Nun wusste man es größtenteils.

Wieso „größtenteils"? Weil Fossilien einer Schwarz-Weiß-Kopie eines Farbfotos oder eines Gemäldes entsprechen. Sie zeigen nur Schattierungen und Strukturen, aber keine Farben. Lange Zeit dachten die Wissenschaftler, dass man die Farben der Dinosaurier nie erfahren würde. Das liegt daran, dass die Farben weitgehend von Pigmentzellen bestimmt werden. In diesen befinden sich Organellen, die Farbstoffe enthalten. Sie bestehen überwiegend aus Eiweißen, die sich nach dem Tod eines Tieres zersetzen. Doch im Jahr 2010 fanden Forscher einen kleinen fossilen Theropoden, komplett mit dem gefiederten Schwanz. In den Schwanzfedern waren noch Reste von Pigmentzellen der Farben Orange und Braun enthalten. Daraus schlossen die Forscher, dass dieser Dinosaurier, *Sinosauropteryx*, einen orangebraun gestreiften Schwanz besaß.

Bisher hat man weiße, schwarze, gelbbraune und braune, sogar schwarze, regenbogenartig irisierende Farben in den Federn verschiedener Dinosaurierarten gefunden. Allerdings fehlen noch die Pigmente, die etwas

GESTREIFTER SCHWANZ VON SINOSAUROPTERYX

über die Färbung der Dinosaurierhaut aussagen würden. Hier kann man nur ausgehend von der Färbung heutiger Tiere raten. Was wir über Dinosaurier wissen, sind bisher nur die Farben der Federn.

Der Nachweis der Federn

Interessant ist, dass wir überhaupt etwas über gefiederte Dinosaurier wissen. *Sinosauropteryx* hat damit eine Menge zu tun. Viele Tiere dieser Gattung und andere kleine Theropoden wurden in den 1990er-Jahren in einem großen Gebiet freiliegenden Gesteins in China gefunden– viele davon waren vollständig oder fast vollständig.

ARCHAEOPTERYX HATTE SPEZIELLE FEDERN ...

Fantastisch ist, dass sie mit ihren Federn erhalten geblieben sind. Bevor man sie fand, hatten die Wissenschaftler angenommen, dass nur einige Dinosaurier Federn hatten – einen Beweis gab es noch nicht.

Die ausgegrabenen Fossilien zeigen, dass mehrere Dinosauriergruppen Federn besaßen: die Ovoraptorosaurier, die Dromaeosaurier, die Troodontiden sowie einfacher gebaute Theropoden wie die Compsognathiden. Letztere trugen ein dichtes Gefieder aus kurzen Federn. Einige andere Arten trugen Federkämme oder lange Federn an den Händen, Armen oder Schwänzen. Ihr Gesicht war von einer Flaumschicht bedeckt. Die kurzen Federn und der Flaum dienten wohl dazu, die Tiere warm zu halten. Die längeren Federn konnten vielleicht zum Gleiten oder Fliegen eingesetzt werden, möglicherweise auch bei der Balz. Dieser eine Fundort in China konnte also eine Frage beantworten, die die Paläontologen schon viele Jahre lang beschäftigt hatte.

Auch kleinere Funde konnten dazu beitragen, die Erkenntnisse zu ergänzen. Ein in Deutschland gefundener, gut erhaltener *Archaeopteryx* ermöglichte den Wissenschaftlern zu beweisen, dass dieser Verwandte der Vögel nicht nur Flügel, sondern auch spezielle,

... UND KONNTE DAMIT VERMUTLICH FLIEGEN.

kompliziert aufgebaute Federn besaß – nicht nur Daunen, um das Tier warm zu halten. Mit langen Federschäften und Fahnen, die sich aus Federästen zusammensetzten, ähnelten sie bereits heutigen Schwungfedern.

Andere Fossilien zeigen, dass Federn und ihr möglicher Gebrauch bei einer ganzen Reihe von Dinosauriern verbreitet waren. Manche Tyrannosaurier trugen noch einfache, haarähnliche Hohlstäbe am Körper. Einige Ornithomimosaurier trugen Flaum sowie lange Federn an den Armen. Bei *Velociraptor* hat man bisher keine Federn oder Federabdrücke gefunden, doch haben Wissenschaftler Federansätze an ihren Armknochen entdeckt. So kann man auch nachweisen, dass ein Dinosaurier Federn hatte, selbst wenn man von ihnen keine Überreste findet. Es gibt sogar Wissenschaftler, die der Meinung sind, dass alle Dinosaurier Federn der einen oder anderen Art trugen.

VELOCIRAPTOR HATTE FEDERN, DA FEDERANSÄTZE VORHANDEN SIND.

Dinosauriern auf der Spur

Wie wir gesehen haben, sind die fossilen Überreste ihrer Körper nicht das Einzige, das die Dinosaurier auf der Erde hinterlassen haben. Stell dir deine Fußspuren vor, die du in Schnee, in nassem Sand oder in Schlamm hinterlässt. So hinterließen auch die Dinosaurier ihre Spuren auf der Erdoberfläche. Diese Spurenfossilien mögen auf den ersten Blick nur wie seltsam geformte Löcher im Boden aussehen. Doch demjenigen, der sie entschlüsseln kann, geben sie Aufschluss darüber, wie die Dinosaurier ihr Leben auf der Erde verbrachten.

FEDERN SCHÜTZTEN WOHL AUCH *ARCHAEORNITHOMIMUS* VOR DER KÄLTE.

EVOLUTION DER DINOSAURIERFEDERN

WIR WISSEN, DASS AUS DINOSAURIERN Vögel entstanden, die fliegen konnten. Doch schon vorher besaßen deren Vorfahren Federn, die ihre Körper bedeckten. Wissenschaftler nehmen an, dass die ersten Federn und die Dinosaurierschuppen denselben Ursprung haben!

EINFACHE BÜSCHELFEDER – zur Isolation (*Yutyrannus*).

FEDER OHNE VERHAKTE NEBENSTRAHLEN – der nächste Schritt der Evolution (*Sinosauropteryx*).

DECKFEDER – flache Feder mit einem Schaft in der Mitte. Vermutlich schon vor Entwicklung der Flugfähigkeit entstanden (*Archaeopteryx*).

DECKFEDER DES *ARCHAEOPTERYX*

ASYMMETRISCHE FLUGFEDER – Federfahne auf einer Seite breiter, auf der anderen schmaler, wie bei heutigen Vögeln. Diese Federn deuten auf Flugfähigkeit hin (*Microraptor*).

WIE EINE FOSSILE FÄHRTE ENTSTEHT

1. Dinosaurier hinterlassen Fußspuren im weichen Untergrund.
2. Die Abdrücke trocknen in der Sonne und werden hart.
3. Die Abdrücke füllen sich mit Schlamm und Sand, die ebenfalls aushärten.
4. Mit der Zeit erodiert das Sediment in den Spuren, die nun sichtbar werden.

PARALITITAN HINTERLÄSST SPUREN IM SUMPF.

Eine der wichtigsten Informationen, die Fährten verraten können, ist der Lebensraum der Dinosaurier. Frühe Paläontologen dachten, dass die großen Sauropoden zu schwer waren, um an Land zu leben. Sie nahmen an, dass *Brontosaurus* und andere großen Pflanzenfresser im Wasser lebten, wo der Auftrieb sie nahezu schwerelos machte. Doch diese Theorie erwies sich als falsch, denn man fand Sauropoden-Fußabdrücke an Land – der Beweis, dass sie nicht ständig in Meeren oder Flüssen schwammen. Die Spuren, die Steve Brusatte und sein Team in Schottland fanden, vervollständigten dieses Wissen. Sie zeigen, dass die Sauropoden des Mitteljuras nah an der Küste lebten und vermutlich im flachen Wasser wateten. Sie waren also keine guten Schwimmer, gingen aber durchaus ins Wasser.

VON DINOSAURIERN HINTERLASSENE FÄHRTE

Andere Fährten zeigen, dass Dinosaurier auch an unerwarteten Orten lebten. Beispielsweise beweisen die in Australien gefundenen Spuren der großen fleischfressenden Dinosaurier die Existenz prähistorischen Lebens in einer einst sehr kalten Region der Welt. Australien besteht zwar heute aus heißen Wüsten, war aber einmal mit der kalten Region verbunden, aus der später Antarktika werden sollte. Früher glaubten die Forscher, dass es dort für Dinosaurier viel zu kalt war.

Weitere Fährten in Arkansas (USA), wo es in der Kreidezeit extrem heiß und trocken war, zeigen, dass auch hier Theropoden lebten. Und wo es Theropoden gab, müssen auch ihre Beutetiere gelebt haben, darunter auch andere Dinosaurier. Die Spuren zeigen, dass ihr Verursacher, *Acrocanthosaurus*, mit einwärts gedrehten Zehen lief. Weitere Untersuchungen werden uns in Zukunft mehr darüber verraten, wie dieses Tier lief und rannte.

Im heutigen Jemen im Nahen Osten lieferten 150 Millionen Jahre alte Spuren im Sand die ersten Hinweise darauf, dass es bereits im Oberjura große Ornithopoden gegeben hatte.

Bis zu diesem Zeitpunkt hatten die Wissenschaftler geglaubt, dass diese großen Pflanzenfresser nicht vor der Kreide erschienen waren. Das veränderte die Vorstellung von der Evolution der Dinosaurier.

Zahllose weitere Spuren auf der ganzen Welt haben den Wissenschaftlern viele neue Informationen über die Dinosaurier geliefert, die einst unseren Planeten beherrschten. Wir haben gelernt, dass manche Dinosaurier in Herden umherzogen und andere in Rudeln jagten. Durch Messen der Tiefe der Spuren und der Schrittlänge – also der Entfernung von einem Fußabdruck zum nächsten – konnten Forscher berechnen, wie schnell die Dinosaurier liefen. Die Spuren verraten uns auch, dass manche Dinosaurier beim Laufen den Schwanz hoben, statt ihn hinter sich her zu schleifen. Wir haben gelernt, welche Beute Dinosaurier jagten und wie sie sie verfolgten. Wir haben erfahren, dass manche Dinosaurier ihre Jungen in der Mitte der Herde hielten, um sie auf der Wanderung vor Fressfeinden zu schützen. Wir haben gesehen, dass manche Dinosaurier Schwimmhäute besaßen und von daher an das Leben im Wasser angepasst waren. Und wir haben sogar in Erfahrung gebracht, dass manche Dinosaurier, abhängig von den Jahreszeiten und der verfügbaren Nahrung, umherzogen.

Manchmal werfen Dinosaurierspuren allerdings auch Fragen auf, statt sie zu lösen. Einige Fährten in den USA, in Korea und Portugal zeigen nur die Vorderfüße einer unbekannten Dinosaurierart. Das lässt die Wissenschaftler rätseln: Wie konnte das sein? Wateten die Dinosaurier im Wasser und zogen sich mit den Vorderfüßen über den Grund? Die Antwort darauf bleibt vorerst ein Geheimnis.

DIPLODOCUS UND *ALLOSAURUS* HINTERLIESSEN DIESE IN DEUTSCHLAND GEFUNDENEN SPUREN.

MACH MIT

WOHL BEKOMM'S!

EINE WICHTIGE FRAGE stellt sich beim Fund einer jeden neuen Dinosaurierart: War das Tier ein Fleischfresser, ein Pflanzenfresser oder ein Allesfresser? Die Zähne geben entscheidende Hinweise.

EIN RUDEL *DEINONYCHUS* STREITET UM DIE GERISSENE BEUTE.

Mit spitzen Zähnen zerrissen die Fleischfresser ihre Beute.

So funktionieren Fleischfresserzähne:

HEFTKLAMMER-ENTFERNER

WATTEBAUSCH

Reiße mit dem Heftklammerentferner Watte aus dem Wattebausch (aber pass auf deine Finger auf!). Siehst du, was die scharfen Spitzen mit dem zarten „Fleisch" machen?

Mit stumpfen Zähnen zermalmen die Pflanzenfresser Blätter, Zweige und Zapfen.

So funktionieren Pflanzenfresserzähne:

Lege ein Blatt oder einen Zweig zwischen die Steine und bewege diese hin und her. Wie zerkleinert die Bewegung das Pflanzenmaterial zu Brei? Sind manche Bewegungen effektiver als andere?

KAPITEL 4

NACH DEN DINOSAURIERN

EINE GEWALTIGE FLUTWELLE RAST NACH DEM EINSCHLAG EINES METEORITEN AUF DAS LAND ZU.

EINLEITUNG

HIER LEBTEN DIE LETZTEN DINOSAURIER DER ERDE.

Während ich an dieser Stelle zwischen den Überresten von gehörnten Dinosauriern, Sauropoden, Entenschnabel-Dinosauriern und Tyrannosauriern stehe, befinde ich mich inmitten der Geschichte, die nach deren Ende begann.

Es gibt eine Schicht in New Mexico (USA), die große Sandsteinmengen enthält. Sie wurden hier von großen Flüssen in einer Zeit massiver Umweltveränderungen vor 66 Millionen Jahren abgelagert. Das war die Zeit, in der der Chicxulub-Meteorit Hunderte von Kilometern entfernt in Mexiko eingeschlagen hatte. Hier findet man die besten Nachweise für das, was nach dem Massenaussterben am Ende der Kreidezeit geschah. Es ist eines von mehreren Gebieten in der Welt, in denen man diesen grundlegenden Wandel betrachten kann. Der Planet war von Dinosauriern beherrscht worden, und nun waren sie plötzlich verschwunden. Übrig blieben die Tiere, die die Bühne für unsere heutige Zeit vorbereiteten.

Mich überrascht immer wieder, wie plötzlich die Veränderung auftrat und wie dramatisch die Welt in kurzer Zeit neu gestaltet wurde. Wir finden Dinosaurierknochen überall in den Gesteinen der Kreide, doch in denen des Paläozäns sind sie verschwunden. Dafür gibt es massenweise Säugetierkiefer und -zähne.

Wir wollen möglichst viel darüber wissen, weil dies einer der wichtigsten Wendepunkte in der Geschichte der Erde war. Es ereignete sich eine Katastrophe, die die Umwelt drastisch veränderte, und die Folge war ein Massenaussterben. Die Katastrophe war ein riesiger Meteorit von der Größe des Mount Everest, der auf die Erde prallte, was nur etwa einmal in 500 Millionen Jahren passiert.

In den ersten Tagen nach dem Meteoriteneinschlag gab es Brände, Tsunamis und Erdbeben. Dann traten die langfristigeren Effekte ein: ein weltumspannender Winter und später eine globale Erwärmung. Die überlebenden Tiere mussten mit vielen unangenehmen Folgen zurechtkommen. Die meisten Säugetiere starben, ebenso Dinosaurier wie die Tyrannosaurier und die Entenschnabel-Dinosaurier. Nur die hoch über der Erde fliegenden, samenfressenden Vögel überlebten. Ohne den Meteoriten gäbe es Dinosaurier vielleicht noch heute, und die Säugetiere würden in ihrem Schatten leben.

NEW MEXICO LIEFERT DIE BESTEN HINWEISE AUF DAS, WAS NACH DEM MASSENAUSSTERBEN AM ENDE DER KREIDE GESCHAH.

OHNE DIESEN METEORITEN GÄBE ES DINO-SAURIER WOHL HEUTE NOCH.

STEVE MIT SEINEM KOLLEGEN TOM WILLIAMSON VOR ORT IN NEW MEXICO

ETWAS GROSSES GESCHAH AUF DER ERDE – VOR 66 MILLIONEN JAHREN.

Etwas so Großes, dass es ein Massenaussterben auslöste. 80 Prozent allen Lebens starb, auch Tiere, die in genau dem Moment umherliefen und das taten, was sie auch sonst an jedem beliebigen Tag getan hatten.

Das Ende (wenn auch nicht ganz)

Der rätselhafte Vorfall tötete viele Säugetiere. Er tötete die Meeresreptilien, die Pterosaurier und Massen von Plankton und Wirbellosen, die in den Meeren lebten. Und er tötete die Dinosaurier, mit Ausnahme einiger Vögel.

Die Wissenschaftler haben lange diskutiert, was der Auslöser gewesen sein könnte. Sie fragten sich, ob es von selbst oder im Zusammenhang mit anderen großen oder kleinen Ereignissen geschah. In einer Hinsicht waren sie sich allerdings einig: Der große Vorfall war ein Einschlag aus dem Weltall. Mit anderen Worten: Es war ein Meteorit oder möglicherweise ein Komet.

Dieser Meteorit hatte einen Durchmesser von nahezu 10 km. Als er in unsere Atmosphäre eintrat, war er über 64 000 km/h schnell – das ist die 52-fache Schallgeschwindigkeit. Er traf dort auf, wo heute die mexikanische Halbinsel Yucatán liegt. In der Oberkreide befand sich dieses Gebiet vollständig unter Wasser und entsprach in etwa dem heutigen Golf von Mexiko. Beim Auftreffen explodierte der Meteorit mit einer Kraft, die der von Milliarden Tonnen TNT entsprach. Das ist mehrere Millionen mal so stark wie die stärkste Bombe, die Menschen jemals konstruiert haben. Beim Aufprall erzeugte er einen schüsselförmigen Krater, der heute als Chicxulub-Krater bekannt ist. Er war über 19 km tief und hatte einen Durchmesser von 185 km. Der Aufprall war so stark, dass er

SO STELLT SICH EIN KÜNSTLER VOR, WIE DER METEORIT VON DER GRÖSSE DES MOUNT EVEREST DIE HALBINSEL YUCATÁN TRAF.

die Erdkruste verformte und wenige Minuten danach einen Ring von Bergen im Krater schuf.

Woher wissen die Wissenschaftler das alles? Sie erkannten es, als sie den Krater fanden.

Tatsächlich haben sie nach ihm gesucht. Sie hatten schon lange vermutet, dass ein Meteorit das Massenaussterben an der K-P-Grenze (der Grenze von Kreide und Paläogen) verursacht haben könnte. Dabei hatten sie einen guten Hinweis. Das war das Vorkommen des Elements Iridium in einer Schicht, die das Ende der Kreide und den Beginn des Paläogens kennzeichnet – dieselbe Schicht, nach der keine Fossilien aus der Kreide mehr zu finden sind. Iridium kommt normalerweise auf der Erde nicht in hohen Konzentrationen vor und ist daher ein Hinweis auf einen Meteoriteneinschlag.

DER KRATER DES METEORITEN-EINSCHLAGS HATTE EINEN DURCHMESSER VON 185 KM.

1991 fanden Wissenschaftler den Chicxulub-Krater. Er befindet sich halb im Golf von Mexiko und halb an Land auf der Halbinsel Yucatán. Tests und Untersuchungen folgten, Bohrungen im Krater sollten weitere Hinweise zutage fördern. So entstand ein recht gutes Bild davon, was sich vor rund 66 Millionen Jahren ereignet hatte.

Der Meteorit schlug ein. Nun ging vieles buchstäblich in Flammen auf. Noch viele

SO WURDE DIE GESCHWINDIGKEIT DES CHICXULUB-METEORITEN GEMESSEN

ES GESCHAH VOR 66 MILLIONEN JAHREN. Wie konnten die Wissenschaftler herausfinden, mit welcher Geschwindigkeit der Meteorit aufprallte? Hinweise darauf liefert der Krater, den der Meteorit hinterlassen hat, und sein Inhalt. Im Golf von Mexiko haben Wissenschaftler über 1300 m tief gebohrt und Proben vom Gestein innerhalb des Kraters genommen. Dieses sieht ganz anders aus als das Gestein, das man ansonsten auf der Erde findet. Es ist metamorph, also aus verschiedenen Gesteinen zusammengesetzt. Das wichtigste davon ist der Granit, der normalerweise tief in der Erdkruste vorkommt. Mithilfe von Computermodellen konnten Wissenschaftler berechnen, mit welcher Geschwindigkeit der Meteorit auf die Erde auftreffen musste, um den Granit so nah an die Erdoberfläche zu befördern.

CHICXULUB-GESTEINSPROBE

Kilometer von der Einschlagstelle entfernt verdampfte das Gestein. Alles im Umkreis von 1000 km fing Feuer. Eine riesige Flutwelle – ein Tsunami – entstand im Golf von Mexiko und überspülte die Küsten von Nord- und Südamerika. Man hat Auswirkungen des Tsunamis sogar in Montana (USA) gefunden, Tausende von Kilometern entfernt. Noch weiter weg, in der Antarktis, starb fast alles, was im Wasser lebte. Gewaltige Erdbeben entstanden. Die Wissenschaftler schätzen, dass sie so stark waren wie alle Erdbeben der letzten 160 Jahre zusammen. Das brennende Material, das beim Aufprall in die Luft geschossen war, fiel wieder auf die Erde zurück.

Und all das geschah in den ersten zehn Minuten nach dem Einschlag.

GESCHMOLZENES GESTEIN WIRD DURCH DIE LUFT GESCHLEUDERT.

Stürme peitschten mit einer Windgeschwindigkeit von über 950 km/h über das Land. Giftige Konzentrationen von Kohlendioxid, Kohlenmonoxid und Methan wurden in die Luft abgegeben. Die Ozonschicht wurde zerstört und der Himmel wurde schwarz wie die Nacht, da Asche und andere Stoffe in der Luft kein Licht durchließen. Erst nach Jahren der Dunkelheit wurde es wieder heller. Pflanzen bekamen kein Sonnenlicht und konnten nicht wachsen. Die Temperaturen fielen rapide. Einige dieser Vorgänge töteten die Dinosaurier augenblicklich, andere waren erst nach längerer Zeit tödlich.

Doch die Wissenschaftler fragten sich, ob auch andere Ursachen eine Rolle gespielt haben könnten. Man weiß, dass schon 2 bis 50 Millionen Jahre vor Chicxulub einige Dinosauriergruppen ausgestorben waren, darunter so unterschiedliche wie die Ceratopsier und die Hadrosaurier. Einige Wissenschaftler werten das als Hinweis darauf, dass die Dinosaurier ohnehin schon auf dem Rückzug waren. Hatten Krankheiten wie die

VULKANAUSBRÜCHE VERGIFTETEN DIE LUFT UND HÜLLTEN DIE ERDE MEHRERE JAHRE IN DUNKELHEIT.

Malaria damit zu tun? Zumindest eine Studie zeigt, dass Stechmücken schon vor 100 Millionen Jahren diese manchmal tödliche Erkrankung übertrugen. Vielleicht schadeten auch Umweltveränderungen den Dinosauriern, als sich der Meeresspiegel gegen Ende der Kreide senkte und größere Landflächen entstanden.

Einige Millionen Jahre vor Chicxulub verwüsteten große Vulkanausbrüche das heutige Indien. Etwa zeitgleich mit dem Meteoriteneinschlag brachen überall im Pazifik Vulkane aus. Manche Wissenschaftler denken, dass dies das Ende der Dinosaurier beschleunigte. Vulkane können heiße Asche und Lava in die Atmosphäre schleudern und eine globale Erwärmung hervorrufen. Sie werfen auch das Schwermetall Quecksilber aus und verursachen sauren Regen. Das hat vielleicht die Dinosaurier sowie andere Tiere und die Pflanzen geschwächt, sodass sie Chicxulub nicht überlebten.

Leben in der Erdneuzeit

Auf der gesamten Erdoberfläche gab es Millionen toter Tiere. Einige verrotteten dort, wo sie lagen, und wurden von Chemikalien in der Erde aufgelöst. Doch manche wurden schnell von den aufgewirbelten Stoffen des Einschlags bedeckt, zum Beispiel mit von Vulkanen ausgeworfener Asche und vom Wind verwehtem Sand. Tiere, die im Wasser gestorben waren, sanken auf den Grund der Meere oder Flüsse, wo sie von Schlamm und Sedimenten bedeckt wurden. Und manchmal waren die Bedingungen geeignet, ihre Knochen und Hartteile zu Fossilien werden zu lassen. Je größer und schwerer die Knochen waren, desto besser blieben sie erhalten.

Die Fossilien bildeten sich unterirdisch. Währenddessen erblühte oberirdisch überall neues Leben. Und auch andere wunderbare Dinge geschahen. Beispielsweise wurden die Kontinente auseinandergerissen. Hättest du

WIE ÜBERLEBTEN DIE VÖGEL DAS AUSSTERBEN?

TAUSENDE VON DINOSAURIERARTEN wurden durch das Massenaussterben an der Grenze von Kreide und Paläogen ausgelöscht. Die Fossilien zeigen, dass es aber in der Kreide vor dem Massenaussterben schon die Vorfahren der Enten, Seetaucher, Pelikane und sogar Emus gegeben hat. Wie haben sie überlebt?

Neue Forschungsergebnisse deuten darauf hin, dass es an ihrer Größe lag. Viele Dinosaurier der Vogellinie entwickelten sich zu immer kleineren Arten. Gleichzeitig konnten sie immer besser fliegen. Aufgrund ihrer kleinen Größe konnten sie sich leichter an die veränderten Bedingungen nach dem Meteoriteneinschlag anpassen, und durch ihr Flugvermögen konnten sie neue Lebensräume erkunden. Außerdem können sich kleine Tiere besser vor größeren Räubern verstecken.

Eine andere Theorie besagt, dass das Überleben der Vögel mit ihren Schnäbeln zusammenhing. Während andere Tiere die nach dem Einschlag seltener gewordenen Fische oder Pflanzen fraßen, konnten sich Vögel mit ihren Schnäbeln von Samen ernähren. Samen können im Erdboden Jahre überdauern und als Nahrung dienen, auch wenn keine Pflanzen wachsen. Die Schnäbel nützen auch den heutigen Vögeln, sodass es rund 10 000 Arten auf der Welt gibt!

VÖGEL ÜBERLEBTEN ALS EINZIGE DINOSAURIER DAS AUSSTERBEN.

DAS FOSSIL DES *ARCHOSAURUS* IST KEIN KNOCHEN MEHR – ES IST STEIN.

IN STEIN VERWANDELT

SO WIRD EIN KNOCHEN ZU EINEM FOSSIL:

1. Die Schichten des Materials, das den Dinosaurier bedeckt, werden zu Sedimentgestein zusammengepresst.
2. Im Gestein sickert mineralreiches Wasser aus der Umgebung in die Dinosaurierknochen ein und löst sie auf.
3. Die Mineralien im Wasser ersetzen das Knochengewebe und füllen die Räume aus, die das gelöste Material hinterlassen hat.
4. Millionen von Jahren später sind aus den Knochen Fossilien geworden!

auf einer Weltkarte die Erde vor 50 Millionen Jahren gesehen, hättest du dich fast zu Hause gefühlt. Doch die Kontinente waren noch anders geformt und befanden sich noch nicht ganz am gewohnten Platz.

Das Zerbrechen der Kontinente förderte die Vielfalt der Arten. Jeder Kontinent entwickelte ein eigenes Klima, sodass unterschiedliche Tier- und Pflanzenarten entstanden. Denk an die nur in Australien vorkommenden Kängurus und die Eisbären der Arktis. Sie sind an ihre spezielle Umwelt angepasst.

DAS SÄUGETIER *UINTATHERIUM* ERINNERT AN EIN NASHORN.

Während der Jahre, in denen sich die Menschen entwickelten, schwankten die Temperaturen auf der Erde oft. Zuerst war die Erdneuzeit heiß. Dann wurde es extrem heiß. Dann überzog eine Eiszeit die Pole mit Eis. Doch in dieser Zeit konnten sich Tiere entwickeln, die zur Zeit der Dinosaurier in deren Schatten gestanden hatten. Verschiedene Arten strahlenflossiger Fische bewohnten die Meere. Zu ihnen gehören zum Beispiel die Thunfische und die Aale. Die Insekten entwickelten sich weiter, und es gab eine Vielzahl von Schmetterlingen, Käfern, Bienen und Wespen. Sie lieferten die Nahrung für eine wachsende Zahl von Vögeln, den einzigen Dinosauriern, die das Aussterben an der K-P-Grenze überlebt hatten. Unter den Pflanzen starben viele Arten der Nacktsamer aus, doch es entwickelten sich neue Laubbäume, verschiedene Farne, Bedecktsamer und vor allem Gräser.

Besonders aufregend war die Entwicklung der Säugetiere. Natürlich hatte es sie schon vor dem Massenaussterben gegeben. Doch die Wissenschaftler glauben, dass die Dinosaurier sie in ihrer Entwicklung behindert hatten. Nachdem diese verschwunden waren, wurden die überlebenden Säugetiere schnell größer und passten sich besser an die neuen Lebensbedingungen an. Allerdings lebten nicht alle Arten lang genug, um noch gleichzeitig mit den Menschen zu existieren. Das an ein Nashorn erinnernde *Uintatherium* trug Hörner auf dem Kopf, die denen einer Giraffe ähnelten. Es starb aber schon vor dem Quartär aus. Das gilt auch für *Andrewsarchus*, einen an ein Wildschwein erinnernden Fleischfresser aus der Mongolei. Auch die frühe Fledermaus *Icaronycteris* starb aus, und die Knochen dieser Säuger wurden wie die der Dinosaurier zu Fossilien. Paläontologen können an ihnen ablesen, wie sich das Leben bis heute entwickelte.

Ans Licht gebracht

Die Fossilien sind also tief in der Erde vergraben und mit dem Abraum von Millionen von Jahren bedeckt. Die meisten bleiben vergraben und werden von uns niemals gefunden. Doch manche kommen an die Oberfläche, sodass wir darüber stolpern. Wie ist das möglich?

Das geschieht durch die Auffaltung der Gebirge. Wenn sich die Platten der Erdkruste verschieben oder sie sogar zusammenstoßen, wird Gestein emporgedrückt und zu Gebirgen aufgefaltet. Es gibt aber noch einen sekundären Effekt. Das nun an die Oberfläche gelangte Gestein wird durch Sonne, Regen und Wind abgetragen. Mit der Zeit wird genug Gestein entfernt, dass die Fossilien sichtbar werden. Nun kommt die Stunde der Fossilienjäger!

FOSSILIEN VON AMMONITEN AM MONMOUTH BEACH IN ENGLAND

Die Fossilienjäger

Menschen finden Fossilien schon seit Tausenden von Jahren. Doch oft wussten sie nicht, welche Schätze sie in ihren Händen hielten. Vielleicht Drachenknochen? Oder Teile von Ungeheuern aus Mythen und Sagen?

Einige der alten Bezeichnungen der Fossilien zeigen, wie wenig die Menschen über die prähistorische Welt wussten. Fossile Ammoniten wurden als Schlangensteine bezeichnet, da sie an eine zusammengerollte Schlange erinnern. Die rauen, dunklen Austern aus dem Jura nannte man Zehennägel des Teufels. Koprolithen galten als Bezoare beziehungsweise Magensteine und sollten gegen Vergiftungen wirken. Die fossilen Überreste von Verwandten heutiger Tintenfische nannte man Donnerkeile.

Nach und nach fanden wissenschaftlich interessierte Menschen heraus, dass Fossilien nicht nur dekorative Steine waren. Sie sind wichtige Zeugen der Vergangenheit, die belegen, dass es lange vor uns Leben auf der Erde gab.

ZUR ZEIT VON WILLIAM BUCKLAND NANNTE MAN AMMONITEN „SCHLANGENSTEINE" UND AUSTERN „ZEHENNÄGEL DES TEUFELS".

FOSSILIEN-JAGD

STEVE BRUSATTE

MEIN KOLLEGE TOM WILLIAMSON vom New Mexico Museum of Natural History and Science hat in den letzten 25 Jahren eine beeindruckende Menge Fossilien zusammengetragen. Seine Zwillinge, Ryan und Taylor, hat er jedes Jahr mit ins Feld hinausgenommen, seit sie sechs Jahre alt waren. Nun besuchen sie das College. Sie haben einige wunderbare Fossilien gefunden, darunter das früheste Skelett eines Primaten.

Jeder kann Fossilien finden – das ist das Schöne an der Erforschung prähistorischer Geschöpfe. Doch es ist wichtig, dass man als Paläontologe die Genehmigung zum Sammeln hat und die entsprechenden Gesetze kennt. Die meisten Entdeckungen gelingen Bauern oder Bauarbeitern, doch viele werden auch von Kindern gemacht, die mit ihren Eltern unterwegs sind. Ist das nicht toll? Doch du solltest deine Entdeckung melden. Lass das Fossil, wo es ist, damit du es nicht versehentlich zerstörst. Rufe ein Museum oder eine Universität an und sage: „Hallo, ich habe ein Fossil gefunden!" Man wird über deinen Anruf erfreut sein.

Oft werden Fossilien nach ihrem Finder benannt. Vielleicht gehörst du eines Tages dazu!

FOSSILIENJAGD IN NEW MEXICO: STEVES KOLLEGIN SARAH SHELLEY UND TOM WILLIAMSON

Zum ersten Mal interessierten sich Wissenschaftler Ende des 17. Jahrhunderts für Fossilien. Ein Engländer namens Robert Plot fand einen massiven Oberschenkelknochen in einem Steinbruch. Zuerst dachte er, dass er zu einem Elefanten gehörte, den die Römer nach England gebracht hatten. Dann vermutete er, dass er von einem riesigen Menschen stammte. Heute wissen wir, dass er einem *Megalosaurus* gehörte.

Doch damals glaubten auch die gebildetsten Menschen, dass die Erde nur mehrere Tausend Jahre alt sei. Sie dachten auch, dass die Fossilien zu noch existierenden Arten gehörten. Doch es fiel ihnen schwer, die zu ihnen passenden Arten zu finden. Viele Knochen sahen nicht nach bekannten Lebewesen aus.

Doch dann hatte der französische Naturforscher Georges Cuvier eine Eingebung. Die Fossilien mussten von ausgestorbenen Tieren stammen. Die Wissenschaftler stritten sich deswegen lange. Doch dank seiner revolutionären Idee wurde Cuvier als Vater der Paläontologie bekannt. Das Wort „Paläontologie" bezeichnet das Studium alter Dinge, insbesondere Fossilien, und wurde Mitte des 19. Jahrhunderts geprägt.

Zu diesem Zeitpunkt begann die Jagd auf Fossilien. Vor allem in England wurden viele gefunden und in wissenschaftlichen Kreisen diskutiert. Der Arzt Gideon Mantell fand in West Sussex einen großen Zahn. Später benannte er das zugehörige Tier als *Iguanodon*. Zwei Jahre nach diesem Fund verkündete der Geologe William Buckland, dass ein in einem Museum befindlicher Kieferknochen einer Riesenechse, auch *Megalosaurus* genannt, gehörte. Weitere *Iguanodon*-Knochen wurden gefunden, dann Knochen von *Hylaeosaurus*. Und es wurde klar, dass diese Tiere nicht mehr existierten

GIDEON MANTELLS ZEICHNUNG DER *IGUANODON*-ZÄHNE

und zu einer ganz anderen Reptiliengruppe gehörten. Im Jahr 1841 machte ein Paläontologe namens Richard Owen den Namen „Dinosaurier" bekannt, also „schreckliche Echse".

HYLAEOSAURUS HALF DEN FRÜHEN FORSCHERN ZU VERSTEHEN, WAS DINOSAURIER WAREN.

Die Knochenkriege

In England griff das Fossilienfieber um sich. In den USA wurden in den 1850er-Jahren *Trachodon*-, *Troodon*- und *Deinodon*-Zähne gefunden. Dadurch verdoppelte sich die Zahl der bekannten Dinosaurier. Nun waren es sechs.

MARY ANNING

MARY ANNING WURDE kurz vor dem Ende des 18. Jahrhunderts in eine Welt geboren, die von Männern beherrscht war – auch die Wissenschaften. In Europa stellten die Forscher ihre neuesten Entdeckungen in wissenschaftlichen Gesellschaften vor, zu denen keine Frauen zugelassen waren.

FOSSILIEN-JÄGERIN MARY ANNING

Mary Anning lebte in einer Gegend an der englischen Südküste, die reich an Fossilien aus dem Jura war. Sie waren in den am Meer gelegenen Klippen ihrer Heimatstadt Lyme Regis zu finden. Wenn die Gezeiten und das Wetter diese Klippen abtrugen, wurden fantastische Fossilien freigelegt. Im Jahr 1811 fanden Mary Anning und ihr Bruder hier ein Skelett: den ersten Ichthyosaurier. In späteren Jahren legte Mary Anning einen weiteren Ichthyosaurier sowie den ersten Plesiosaurier aus den Klippen frei. Das brachte die Wissenschaftler auf den Plan. Sie kauften ihre Fossilien, untersuchten sie und stellten die Funde in ihren wissenschaftlichen Gesellschaften vor. Allerdings würdigten sie die Finderin fast niemals. Trotzdem studierte sie ihre Funde und entwickelte ihre eigenen Theorien.

Warum beschäftigte sie sich mit den Fossilien? Sie brauchte Geld. Anning stammte aus einer armen Familie und blieb selbst den größten Teil ihres Lebens arm. Von dem Geld, das die Wissenschaftler ihr für ihre Funde bezahlten (einige wurden sogar in Museen ausgestellt), konnte sie leben und einen kleinen Souvenirladen eröffnen. Dort verkaufte sie im Sommer kleinere Fossilien an die Badegäste, die die Küste besuchten.

Anning wurde zu Lebzeiten niemals berühmt, obwohl ihr Name vielen Paläontologen ihrer Zeit bekannt war. Doch fast 200 Jahre nach ihrem Tod wissen wir, dass sie zu den effektivsten Fossilienjägern der Welt zählt. Und noch etwas anderes machte sie berühmt. Hast du vielleicht schon einmal den englischen Zungenbrecher „She sells seashells by the seashore" gehört? Er handelt von Mary Anning!

COPE UND MARSH

DIES SIND NUR EINIGE der über 120 heute berühmten Dinosaurier, die Cope und Marsh beschrieben:

Dann wurde im Jahr 1870 in Colorado eine große Menge Dinosaurierfossilien gefunden, und die Paläontologen wurden verrückt. Diese Entdeckung war der Beginn der sogenannten Knochenkriege.

20 Jahre lang wetteiferten insbesondere zwei Männer darum, die meisten neuen Dinosaurier zu finden. Es waren die Paläontologen Edward Drinker Cope und Othniel Marsh. Cope führte seine Teams nach Wyoming und Colorado, das zu dieser Zeit noch Indianergebiet war. Marsh war der Kurator des Peabody Museum of Natural History in New Haven, Connecticut. Beide Männer stellten Arbeiter an, die das schmutzige Ausgraben für sie übernahmen.

„Schmutzig" ist auch ein gutes Wort für einige der Tricks, die Marsh benutzte, um die besten Fossilien in sein Museum zu bekommen. Und Cope stand ihm in nichts nach. Die beiden Männer verleumdeten sich in den Zeitungen und spionierten an den Ausgrabungsstellen des anderen. Sie sprengten die Fundorte des anderen mit Dynamit und stahlen sich gegenseitig Fossilien. Und doch fanden und benannten die beiden (mithilfe ihrer hart arbeitenden Mitarbeiter) über 120 neue Dinosaurier. Diese Männer waren sicher nicht die nettesten oder moralisch einwandfreiesten, doch sie trugen viel zur Wissenschaft bei. Das Dinosaurierfieber hatte sich allerdings noch nicht gelegt, als Marsh und Cope ihren Wettstreit aufgaben (weil bei beiden das Geld knapp wurde). Im 19. und im 20. Jahrhundert suchten auch viele andere Leute nach Dinosaurierknochen. Und mit jedem Fund vergrößerte sich das Wissen über die Dinosaurier, ihre Lebensweise und ihre Entwicklung.

In der ganzen Welt wurden Dinosaurier ausgegraben, zum Beispiel in Südamerika, Deutschland und Ägypten. Auch heute machen Paläontologen noch neue Entdeckungen. Insgesamt sind bis heute über 1000 verschiedene Dinosaurierarten beschrieben worden. Die Wissenschaftler glauben aber, dass das nur ein kleiner Teil der Arten ist, die in 165 Millionen Jahren auf der Welt gelebt haben. Stell dir vor, wie viele Dinosaurier dort draußen (oder besser dort unten) noch auf ihre Entdeckung warten!

Fossilienlagerstätten der Welt

Einen Dinosaurier oder auch nur einen Teil davon zu finden ist ein tolles Erlebnis. Mehrere zu finden ist atemberaubend. Außerdem kann eine große Fossilienausbeute Forschern genug Material für Jahre bescheren.

Fossilienlagerstätten liefern den Forschern dieses Material. Das sind natürliche Friedhöfe voller Fossilien. Die Art der Fossilien hängt natürlich von den Tieren ab, die dort gelebt haben, und von den Bedingungen ihrer Konservierung.

Nordamerika besitzt einige berühmte und wichtige Fossilienlagerstätten. Eine davon ist das Dinosaur National Monument, das bis zum Rand mit Fossilien des Juras gefüllt ist. Es besteht aus 832 000 km² Sedimentgestein in Colorado und Utah, und es ist ein Teil der Morrison-Formation, in der Cope und Marsh während der Knochenkriege die meisten Entdeckungen machten.

BRONTOSAURUS-SKELETT IM PEABODY MUSEUM DER YALE UNIVERSITY

Barnum Brown, der den ersten *T. rex* in Montana gefunden hatte, grub auch im Howe-Steinbruch in Wyoming, wo er Knochen des *Diplodocus* und Zähne der verschiedensten Theropoden fand. Doch das waren nicht die letzten Funde an diesem Ort. In neuerer Zeit fand ein Paläontologenteam ein Fossil, das wohl eine völlig neue Art darstellt. Die Forscher nannten es *Kaatedocus siberi*. In der Nähe, in der sogenannten Hell-Creek-Formation in Montana, gibt es so viele Dinosaurier der Kreidezeit, dass man kaum mit dem Zählen nachkommt! Ankylosaurier, Pachycephalosaurier, Ceratopsier, Hadrosaurier, Tyrannosaurier, Ornithomimosaurier – die Liste lässt sich beliebig fortführen.

Einige der ältesten und größten Dinosaurier-Fossilien stammen aus Südamerika. Argentinien ist eines der südlichsten südamerikanischen Länder, und seine Spitze reicht fast bis in die Antarktis. Hier finden sich zwei sehr wichtige Fossillagerstätten. Eine davon ist die Ischigualasto-Formation, eine 1300 m hoch gelegene Wüstenregion. Ihr trockenheißes Klima hat dazu beigetragen, dass viele der im Gestein eingebetteten Dinosaurier und Säugetiere der Trias erhalten blieben. Ischigualasto wird schon seit den 1930er-Jahren untersucht und hier entdeckte man unzählige Dinosaurierarten. Und man findet immer noch neue! Von all diesen Dinosauriern ist *Eoraptor* vielleicht der berühmteste.

Auca Mahuevo, ein wenig südlich von Ischigualasto gelegen, ist bekannt für seine Dinosaurier der Kreide – insbesondere die Eier der riesigen Sauropoden *Saltasaurus*. Im Jahr 1997 fanden Lowell Dingus und sein Team Schichten von Eiern und Eischalen, die hier vergraben waren. Manche von ihnen lagen noch in Gelegen zusammen,

PATAGOTITAN WURDE HIER IN ARGENTINIEN GEFUNDEN.

DER DEUTSCHE STEINBRUCH, IN DEM MAN DAS ERSTE ARCHAEOPTERYX-FOSSIL FAND

ganz so, wie ihre Mütter sie vor Millionen von Jahren abgelegt hatten. Viele enthielten fossile Embryonen. Die Zahl der Eier und Eiüberreste ist so eindrucksvoll, das Wissenschaftler Auca Mahuevo als Eilagerstätte bezeichnen. Dieser riesige Sauropodenbrutplatz liegt nur wenige Stunden südlich von einer anderen wichtigen Sauropodenfundstelle: der argentinischen Provinz Mendoza, in der ein Bauer im Jahre 2014 über die Überreste von *Patagotitan mayorum* gestolpert ist, dem bisher größten Dinosaurier aller Zeiten.

Überqueren wir den Atlantik, um Süddeutschland zu besuchen. Im Steinbruch von Solnhofen in Bayern wurde im Jahr 1861 das Fossil von *Archaeopteryx* gefunden. Es enthielt sogar Reste einer Feder! Diesem Fund folgten mehrere weitere, die zu der Erkenntnis führten, dass *Archaeopteryx* als Art zwischen den flugunfähigen und den fliegenden Dinosauriern stand. Bisher hat man ein Dutzend davon im gleichen Gestein gefunden. Diese Gegend muss für fliegende Tiere interessant gewesen sein, da hier auch gut erhaltene Pterosaurier aus dem Jura gefunden wurden.

PALÄONTOLOGEN ARBEITEN IM RUKWA-RIFT-BECKEN.

Die ersten afrikanischen Dinosaurierfossilien kamen aus Tansania. Der Tendaguru-Hügel wurde seit 1906 erforscht, und überraschenderweise ähnelten viele der dort gefundenen Fossilien denen im Westen der USA. *Brachiosaurus* entsprach dem *Giraffatitan* vom Tendaguru und *Stegosaurus* glich dem am Tendaguru gefundenen *Kentrosaurus*. Im Jahr 2014 fand ein Paläontologenteam aus Ohio (USA) einen unbekannten, 100 Millionen Jahre alten Titanosaurier im Westen von Tendaguru im Rukwa-Rift-Becken. Dieser wurde als *Rukwatitan bisepultus* beschrieben.

Das zeigt, dass man auch an bereits ausgebeuteten Fossilienlagerstätten noch großartige Fossilien finden kann.

Es gibt viele beeindruckende Lagerstätten auf der ganzen Welt, darunter welche in Teilen Europas, in Ägypten und in Asien. Einer davon befindet sich in Liaoning im Norden Chinas. Dies ist eine der jüngsten bisher entdeckten Lagerstätten. Vor 125 Millionen Jahren in der Oberkreide töteten Vulkanausbrüche eine große Zahl von Dinosauriern. Viele der hier lebenden Bauern haben zahlreiche Dinosaurier entdeckt – bisher etwa 60 Arten. Anhand dieser Entdeckungen können wir heute sagen, dass viele Dinosaurier Federn trugen. Und weil die Fossilien so gut erhalten sind, findet man auch noch Pigmente in diesen Federn. Dies sind die Dinosaurier, die Wissenschaftlern eine Vorstellung von den Farben dieser Tiere gegeben haben. *Sinosauropteryx* stammt aus Liaoning, ebenso wie die anderen gefiederten Dinosaurier *Anchiornis huxleyi*, *Epidexipteryx* und der bemerkenswerte maultiergroße *Zhenyuanlong suni*.

IN LIAONING GEFUNDENER SCHÄDEL VON *INCISIVOSAURUS GAUTHIERI*.

Nicht zuletzt gibt es den Mount Kirkpatrick in Antarktika. Vor Millionen von Jahren war Antarktika bei Weitem nicht so kalt und schneebedeckt wie heute. Es stellte sich heraus, dass hier viele Dinosaurier gelebt hatten. Am Mount Kirkpatrick konnte man viele finden, weil er einer der wenigen Orte auf dem Kontinent ist, wo die Fossilien nicht unter einer dicken Eisschicht begraben sind.

Im Jahr 1991 grub in Antarktika ein Paläontologenteam unter der Leitung von William Hammer nach Fossilien. Die Tätigkeit war alles andere als einfach. Das Team musste Presslufthämmer benutzen, um das Eis aufzubrechen. Die Forscher konnten die Fossilien nicht vor Ort studieren, sondern mussten große Blöcke herauslösen und in ihr Labor in Illinois (USA) transportieren.

Als sie das Gestein schließlich gereinigt und untersucht hatten, erkannten sie, was sie Monate zuvor im Eis gefunden hatten: den ersten Dinosaurier aus der Antarktis, der jemals beschrieben wurde. Es handelte sich um einen Fleischfresser, den sie *Cryolophosaurus* nannten. Seitdem hat das Team weitere Dinosaurier dieser Gattung am Mount Kirkpatrick gefunden. Außerdem fand es große Sauropoden, die an *Diplodocus* erinnern, sowie einen unbekannten, 200 Millionen Jahre alten Ornithischier. Das warf die Frage auf, ob es irgendeine Gegend auf der Erde gab, an dem keine Dinosaurier vorkamen. Es sieht so aus, als müsste man diese Frage eindeutig mit Nein beantworten!

CRYOLOPHOSAURUS

DINOSAURIER WURDEN AUF DER GANZEN ERDE GEFUNDEN!

WO WERDEN DIE NÄCHSTEN FOSSILIEN ENTDECKT?

ALBERTA (KANADA) Wichtiger Fund: eine neue Ceratopsier-Gattung namens *Regaliceratops*

HELL CREEK, MONTANA (USA)
Wichtige Funde: mehrere *Tyrannosaurus rex*, *Triceratops* und viele Dinosaurier der Oberkreide

DINOSAUR NATIONAL MONUMENT, UTAH (USA)
Wichtige Funde: große Pflanzenfresser wie *Apatosaurus* und *Barosaurus* sowie Fleischfresser wie *Allosaurus*

FAITH, SOUTH DAKOTA (USA)
Wichtiger Fund: Sue, der *Tyrannosaurus rex*

ARKANSAS (USA)
Wichtiger Fund: Spuren des Theropoden *Acrocanthosaurus*

PALUXY RIVER, TEXAS (USA)
Wichtiger Fund: Spuren der Begegnung eines großen Pflanzen- und eines Fleischfressers in der Unterkreide

ISCHIGUALASTO (ARGENTINIEN)
Wichtige Funde: zwei der ältesten bekannten Dinosaurier: *Eoraptor* und *Herrerasaurus*

PROVINZ MENDOZA (ARGENTINIEN)
Wichtiger Fund: der größte Titanosaurier der Welt, *Patagotitan mayorum*

PLAZA HUINCUL (ARGENTINIEN)
Wichtige Funde: einige der größten fleisch- und pflanzenfressenden Dinosaurier der Welt, wie *Argentinosaurus*, *Giganotosaurus* und *Mapusaurus* sowie viele andere Arten

AUCA MAHUEVO (ARGENTINIEN)
Wichtiger Fund: eine Dinosaurier-Brutkolonie mit Tausenden von Eiern, teils noch nicht geschlüpft

ISLE OF SKYE (SCHOTTLAND)
Wichtiger Fund: Sauropoden-Spuren (Mitteljura)
BERNISSART (BELGIEN)
Wichtige Funde: viele gut erhaltene *Iguanodons*
WÜSTE GOBI (MONGOLEI)
Wichtige Funde: einige der besterhaltenen Funde, darunter die kämpfenden *Velociraptor* und *Protoceratops*
SOLNHOFEN (DEUTSCHLAND)
Wichtige Funde: *Compsognathus*, *Archaeopteryx* und viele Pflanzen, Fische und andere Tiere des Oberjuras
LIAONING (CHINA) Wichtige Funde: viele Fossilien der Unterkreide, darunter gefiederte Dinosaurier wie *Mei* und *Microraptor*
EUROPA
ASIEN
MADAR (JEMEN)
Wichtiger Fund: Ornithopodenspuren
HALBINSEL SHANDONG (CHINA)
Wichtiger Fund: einer der größten Hadrosaurier der Welt (*Shantungosaurus*)
AFRIKA
SAHARA (NIGER) Wichtige Funde: *Suchomimus*, *Deltadromeus* und andere Dinosaurier der Kreide
PAZIFISCHER OZEAN
TENDAGURU (TANSANIA)
Wichtige Funde: *Giraffatitan*, *Allosaurus*, *Kentrosaurus*, *Barosaurus*, *Ceratosaurus* und andere
LARK QUARRY (AUSTRALIEN)
Wichtige Funde: Tausende von Spuren, Fossilien von *Diamantinasaurus* und *Wintonotitan*
AUSTRALIEN
INDISCHER OZEAN
MOUNT KIRKPATRICK (ANTARKTIKA)
Wichtiger Fund: ein Fleischfresser namens *Cryolophosaurus*
ANTARKTIKA

Fossilien finden

Die Grundlagen der Fossiliensuche haben sich seit 200 Jahren nicht verändert. Ein Paläontologe führt ein Grabungsteam zu einem Ort, an dem es wahrscheinlich Fossilien gibt. Das kann zum Beispiel eine bekannte Lagerstätte sein oder ein Ort, an dem eine Person zufällig ein Fossil gefunden hat. Vielleicht beginnt das Team auch einfach, in einem Gestein zu graben, das erfahrungsgemäß Fossilien enthält. Das sind vor allem Sandstein und andere Sedimentgesteine. Sedimentgesteine entstehen, wenn sich Sand und andere Ablagerungen übereinanderschichten. Knochen, die in diesen Ablagerungen liegen, versteinern im Lauf der Zeit. Wenn die Paläontologen einen geeigneten Platz gefunden haben, beginnen die Grabungen.

Diese verlaufen langsam und sind schwierig, da die Paläontologen nichts zerstören möchten. Sie müssen vielleicht das Gestein mit einem Presslufthammer aufbrechen, wie es Dr. Hammer in Antarktika gemacht hat. Doch meistens benutzen sie Meißel, Hammer und Sägen – manchmal sogar Zahnarztbohrer –, um die Knochen vom Gestein zu befreien. Sie setzen auch weiche Bürsten ein, um die Fossilien zu säubern und besser sehen zu können. Manchmal beschichten sie die Fossilien mit speziellen Kunstharzen, damit sie nicht auseinanderfallen.

Bevor sie etwas vom Fundort entfernen, legen Paläontologen eine Karte ihrer Funde an. Sie fertigen Fotos und Zeichnungen an, aus denen die Lage eines jeden Knochens ersichtlich ist. Auf diese Weise kann man herausfinden, welche Knochen zusammengehören. Das ist insbesondere dann wichtig, wenn viele Fossilien an derselben Stelle gefunden werden. Denn wenn sie im Lauf der Jahrmillionen in der Erde liegen, kommen sie oft durcheinander. Dann ist es schwierig, sie zu sortieren!

Dr. Hammer musste in der Antarktis große Felsbrocken loslösen und sie mit den enthaltenen Fossilien zu seinem Labor schicken. Doch oft können Paläontologen die Knochen direkt am Fundort ausgraben. Kleine Knochen können zerbrechlich sein, aber gut verpackt ins Labor gebracht werden. Größere Knochen können dagegen eine Herausforderung sein. Paläontologen hüllen sie oft mit Gips ein, damit sie den Transport unbeschadet überstehen. Barnum Brown hat diese Methode wohl im 19. Jahrhundert angewendet, und sie ist immer noch aktuell. Dazu werden Leinenstreifen in frischen Gips getaucht und um den Knochen gewickelt, sodass eine gigantische Mumie entsteht. Wenn du einmal mit Pappmaschee gearbeitet hast, dann weißt du, wie das geht. Jeder Knochen wird nun mit Zahlen und Buchstaben gekennzeichnet, damit er nachher identifiziert werden kann. Nun werden die Fossilien verpackt.

DROHNEN HELFEN DEN PALÄONTOLOGEN AN SCHWER EINSEHBAREN STELLEN.

Diese Techniken werden schon seit der Frühzeit der Fossiliensuche eingesetzt. Doch es gibt neue Technologien, die den Paläontologen verraten, wo sie nach den Knochen der Dinosaurier und anderer ausgestorbener Tiere graben sollten. Eine dieser Technologien nennt sich Lidar, und sie arbeitet mit Licht. Lidar wird eingesetzt, wenn Wissenschaftler ein akkurates 3-D-Bild von Dingen benötigen, die sie selbst nicht sehen können. Das kann der Meeresgrund, eine Küstenlinie oder die Oberfläche des Bodens unter einem dichten Blätterdach sein. Lidar tastet ein Gebiet mit Tausenden von Laserlichtstrahlen ab und misst, welchen Weg das Licht zurücklegt. Auf diese Weise kann eine Oberfläche im Detail betrachtet werden. So konnte Lidar den Wissenschaftlern am National Dinosaur Monument in den USA helfen, eine Karte der Knochenschichten zu zeichnen.

Drohnen sind ein weiteres neues Werkzeug. Diese ferngesteuerten Roboter können kleine Kameras tragen und Gegenden überfliegen, die für die Erkundung zu Fuß zu abgelegen oder zu gefährlich sind. Bei Sportveranstaltungen machen sie Nahaufnahmen der Athleten. Paläontologen helfen sie bei der Suche nach Spurenfossilien wie den Fußabdrücken der Dinosaurier, die dem Auge verborgen bleiben können. So halfen Drohnen den Wissenschaftlern in Westaustralien, 130 Millionen Jahre alte Theropoden- und Sauropodenfährten an gefährlichen Abschnitten einer Felsküste zu finden und zu kartieren. Schließlich wird diese Untersuchung uns helfen, die Wanderungen der Dinosaurier besser zu verstehen.

DIE PALÄONTOLOGIN DARLA ZELENITSKY PRÄPARIERT EINEN ORNITHOMIMIDENKNOCHEN IN DER WÜSTE GOBI.

DAS LABOR DER ACADEMY OF NATURAL SCIENCES IN PHILADELPHIA

Zurück im Labor

Sind die Fossilien einmal im Labor angekommen, beginnt eine ganz andere Form der Arbeit. Nun wird ihr Alter festgestellt. Paläontologen haben davon bereits eine grobe Vorstellung, die auf der Schicht und damit dem Alter des Sediments beruht, in dem die Fossilien lagen. Das bezeichnet man als Stratigrafie.

Die Fossilien müssen auch identifiziert werden – gehören sie zu einer der Wissenschaft bereits bekannten Art? Oder hatten die Paläontologen das Glück, einen vollkommen neuen Dinosaurier zu finden? Nachdem die Forscher die Fossilien von ihrer Gipsverpackung befreit und das letzte überschüssige Gestein entfernt haben, fotografieren sie sie. Dabei entstehen keine einfachen Bilder, sondern 3-D-Fotos, die im Computer abgespeichert werden. Museen versuchen so auch ihre Bestände zu archivieren. Anhand der Bilder können die Wissenschaftler alte und neue Funde vergleichen und die Unterschiede feststellen. So zeichnet sich bereits ein Bild ab, wie der Dinosaurier ausgesehen und sich verhalten haben mag.

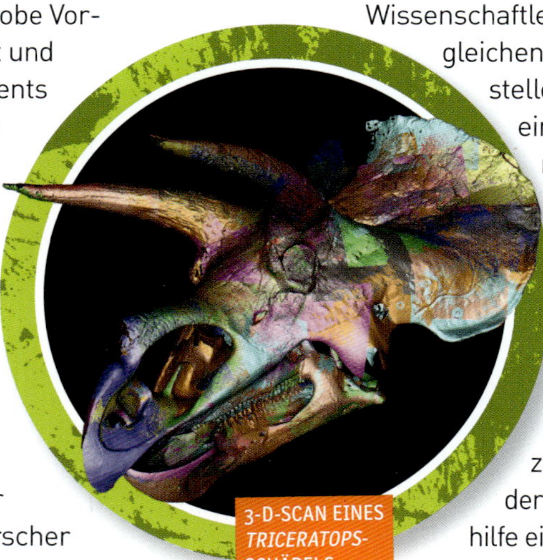

3-D-SCAN EINES *TRICERATOPS*-SCHÄDELS

Mithilfe der 3-D-Bilder können die Wissenschaftler auch Computersimulationen erstellen. Durch Eingabe der Bilder und anderer Informationen, zum Beispiel dem Gewicht der Knochen, kann man mithilfe eines Computerprogramms wichtige Details ermitteln. Wie haben die Knochen zusammengepasst? Wie standen die Dinosaurier, wie liefen sie – und wie schnell waren

DIESES DINOSAURIER-SKELETT IST IM 3-D-DRUCKER ENTSTANDEN.

DER SCHÄDEL (LINKS) UND DAS DARAUS ENTSTANDENE MODELL (RECHTS)

sie? Wie konnten sie Kopf und Schwanz drehen oder schwingen? Wie haben die Muskeln zu ihren Knochen gepasst? Haben sich die Kiefer nur auf und ab oder auch seitwärts bewegt? Dank der Computersimulationen konnten die Wissenschaftler einige ihrer Vorstellungen von den prähistorischen Tieren korrigieren. Diese Veränderungen kann man mittlerweile schon an der Art und Weise erkennen, in der Dinosaurier in den Museen ausgestellt werden.

Dinosaurier auszustellen ist eine besondere Herausforderung. Nur selten finden die Paläontologen ein vollständig erhaltenes Skelett. Sie müssen künstliche Knochen modellieren, um die fehlenden zu ersetzen. Auch sind die Fossilien oft zerbrechlich und sehr schwer. Daher schafft es ein Fossil nur selten in die Hallen der Museen. Sobald die Wissenschaftler wissen, wie ein Skelett zusammenpasst, nehmen Präparatoren Abdrücke der Knochen, um eine leichte Kopie des Skeletts zu machen. Diese Kopie sieht man dann meistens in der Ausstellung.

Verspürst du den Wunsch, richtige Dinosaurierknochen zu berühren, statt Kopien aus der Entfernung zu betrachten? Dann werde einer der nächsten großen Paläontologen! Denk an all die Dinosaurier, die noch auf ihre Entdeckung warten, und an all die alten und neuen Techniken, mit denen du sie finden, untersuchen und verstehen kannst. Die Erde ist eine große Fossilienlagerstätte! Es ist Zeit, diese Wunder auszugraben.

MACH MIT

WERKZEUG

PALÄONTOLOGEN MÜSSEN GUT VORBEREITET SEIN, wenn sie nach Fossilien von Tieren und Pflanzen suchen. Man weiß nie, was man brauchen wird! Überlege, was du bei einer Ausgrabung finden könntest. Welches Werkzeug ist dann nötig?

Stell dir deinen eigenen Werkzeugkasten zusammen. (Aber frage einen Erwachsenen, bevor du dir Werkzeug ausleihst!) Dann geh mit deinem Ausgrabungsteam (einschließlich eines Erwachsenen, der auch höhere Stellen erreicht) los und sieh, was du finden kannst. Lass aber deine Funde an Ort und Stelle. Informiere ein Museum, wenn du einen Dinosaurier gefunden hast!

STEVE LEGT SPURENFOSSILIEN AUF DER ISLE OF SKYE (SCHOTTLAND) FREI.

CHINESISCHE PALÄONTOLOGEN GRABEN *MAMENCHISAURUS* IN CHONGQING (CHINA) AUS.

EINE PALÄONTOLOGIN ARBEITET AN EINEM FUNDORT DES PLEISTOZÄNS IN SOUTH DAKOTA (USA).

Zum typischen Werkzeug des Paläontologen gehören:

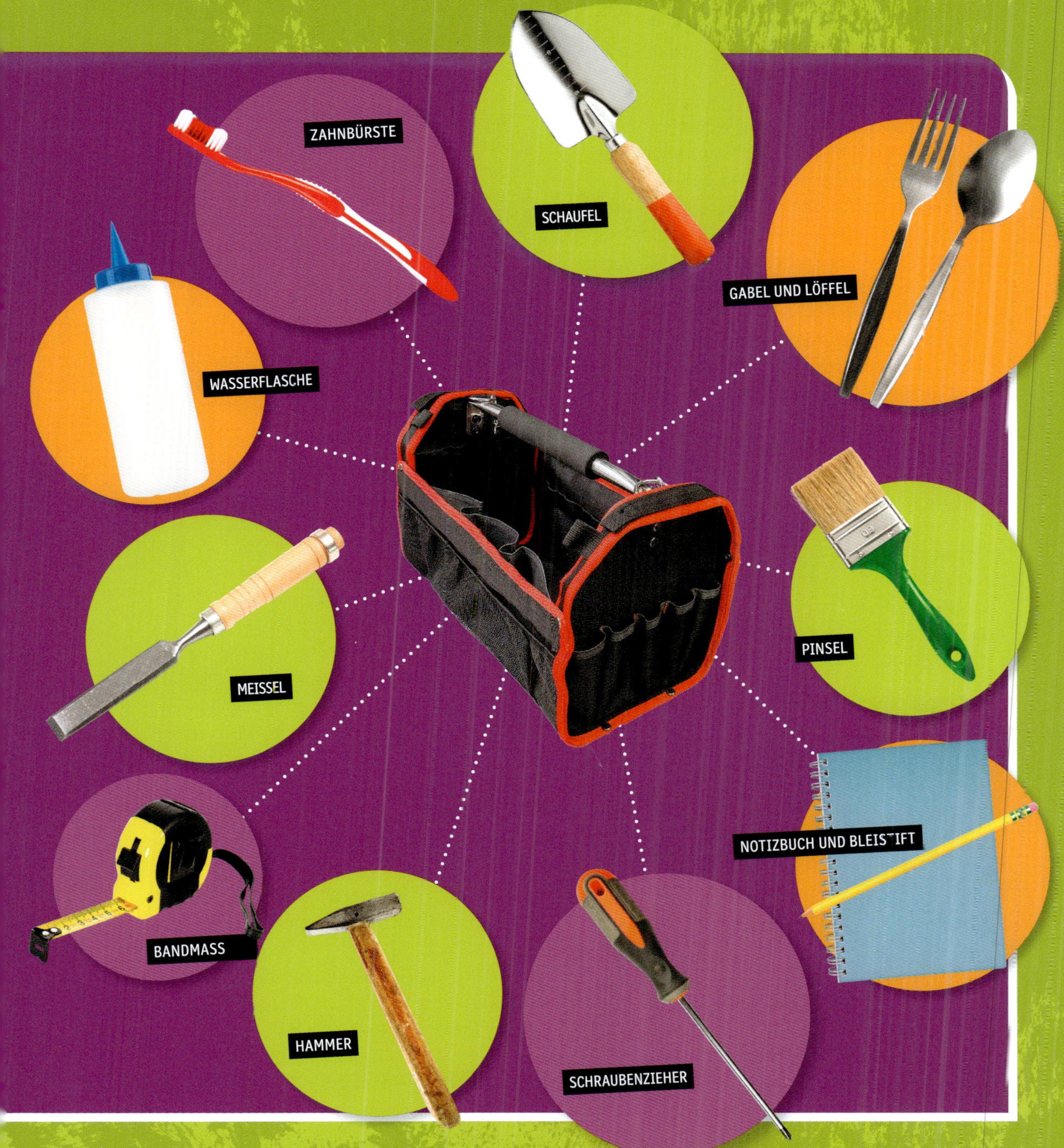

DINOSAURIERNAMEN

Ein neu entdeckter Dinosaurier erhält als Erstes einen eigenen Namen. Dieser besteht aus zwei Teilen: dem Gattungsnamen und dem Artnamen. Dafür werden griechische und lateinische Wörter verwendet, die auf den Fundort des Fossils, auf hervorstechende Eigenschaften des Dinosauriers oder auf seinen Finder oder Erforscher verweisen können. Hier findest du die Gattungsnamen vieler Dinosaurier mit ihrer deutschen Übersetzung und dem Verweis auf die Seiten, auf denen sie in diesem Buch erwähnt werden.

WEITEREN LESESTOFF FINDEST DU HIER:

Avery Elizabeth Hurt, *Rekorde im Reich der Dinosaurier*, National Geographic Kids, 2018

Hoena, Blake, *Alles über Dinosaurier*, National Geographic Kids, 2014

Lessem, Don, *Das riesengroße Dino-Lexikon*, National Geographic Kids, 2014

Staunen und Entdecken: Entdecke die Dinosaurier, National Geographic Kids, 2018.

BILDNACHWEIS

ASP: Alamy Stock Photo; GI: Getty Images; SCI: Science Source; SS: Shutterstock
Alle Zeichnungen stammen von Franco Tempesta, wenn nicht anders angegeben.

4 (Spitzhacke), Stocksnapper/SS; 5 (*Triceratops*), David Herraez Calzada/SS; 5 (Ankylosaurier), leonello calvetti/SS; 6–7, mit frndl. Genehm. v. Steve Brusatte; 10 (ob.), mit frndl. Genehm. v. Steve Brusatte; 10 (unt.), Jean-Michel Girard/SS; 11 (ob. re.), Marques/SS; 11 (unt.), mit frndl. Genehm. v. Steve Brusatte; 13 (ob.), Spencer Platt/GI; 13 (unt.), Universal Images Group North America LLC/DeAgostini/ASP; 14 (unt.), Carlos Goldin/SCI; 15 (ob.), Don Emmert/AFP/GI; 16, Stocktrek Images, Inc./ASP; 17 (ob.), James Nesterwitz/ASP; 17 (Mitte), John Weinstein/Field Museum Library/GI; 17 (unt.), DM7/SS; 18 (ob.), Sergey Krasovskiy/Stocktrek Images/SCI; 19, Kurt Miller/Stocktrek Images/GI; 20 (ob.), FIMP/SS; 20 (unt.), Lefteris Paupalakis/SS; 21 (ob.), Royal Tyrrell Museum; 22 (ob.), Walter Myers/SCI; 22 (Mitte), Sergey Krasovskiy/GI; 22 (unt.), Mark Turner/ASP; 23 (Mitte li.), Jan Sovak/Stocktrek Images, Inc./ASP; 24-25 (alle), mit frndl. Genehm. v. Steve Brusatte; 27 (Mitte), Walter Myers/Stocktrek Images/ASP; 27 (unt.), Nobumichi Tamura; 28 (ob. li.), Alice Turner/Stocktrek Images/GI; 28–29 (ob.), Oxford Science Archive/Print Collector/GI; 29 (ob. re.), Igor Karasi/SS; 31 (ob. li.), MR1805/iStockphoto; 31 (ob. re.), Royal Tyrrell Museum; 34 (ob.), mit frndl. Genehm. v. Steve Brusatte; 34 (unt.), Jean-Michel Girard/SS; 35 (ob. li.), mit frndl. Genehm. v. Steve Brusatte; 35 (ob. re.), Marques/SS; 36 (unt. li.), Mikkel Juul Jensen/Bonnier Publications/SCI; 36–37 (unt. Mitte), Stefan Schiessl/SCI; 37 (ob.), All Canada Photos/ASP; 37 (unt. re.), Dorling Kindersley/GI; 38, Yuriy Priymak/Stocktrek Images/SCI; 39 (unt. li.), Igor Karasi/SS; 40 (ob. re.), mit frndl. Genehm. v. Steve Brusatte; 41 (ob. li.), Royal Tyrrell Museum; 41 (ob. re.), Corbin17/ASP; 41 (unt.), Jan Sovak/Stocktrek Images/ASP; 42 (ob.), Rosa Jay/SS; 42 (unt.), NPS/ASP; 44 (ob.), Michael Rosskothen/SS; 44 (unt.), Sergey Krasovskiy/Stocktrek Images/ASP; 45 (ob.), Walter Myers/Stocktrek Images/ASP; 45 (unt. li.), Amy Toensing/National Geographic Creative/ASP; 45 (unt. re.), Mohamad Haghani/Stocktrek Images/ASP; 46 (li.), Robert Clark Photography; 46–47 (Mitte), Richard Bizley/SCI; 48 (ob.), Martin Shields/ASP; 49, Stocktrek Images, Inc./ASP; 50 (ob.), MasPix/ASP; 50 (unt.), Dorling Kindersley/GI; 51 (unt.), Worakit Surijinda/SS; 52 (ob.), Daniel Eskridge/Stocktrek Images/GI; 53 (ob.), Martin Shields/ASP; 55 (ob.), Zoonar/Elena Duvernay/ASP; 55 (unt.), Dinoton/SS; 56 (li.), Art by James Havens 2017 @alaskapaleoproductions; 57 (ob.), Mohamad Haghani/Stocktrek Images/ASP; 57 (unt.), Sue Anne Zollinger/The Company of Biologists; 58 (ob. li.), Alexander Koerner/GI; 58 (re.), milehightraveler/GI; 58 (unt. li.), Tom Bean/ASP; 62 (ob.), mit frndl. Genehm. v. Steve Brusatte; 62 (unt.), Jean-Michel Girard/SS; 63 (ob. li.), mit frndl. Genehm. v. Steve Brusatte; 63 (ob. re.), Marques/SS; 63 (unt.), mit frndl. Genehm. v. Steve Brusatte; 64 (ob.), mit frndl. Genehm. v. Dr. Martin Lockley, University of Colorado; 64 (unt.), mit frndl. Genehm. v. Dr. Xing Lida; 65 (ob.), Mohamad Haghani/ASP; 66 (ob.), Philip Brownlow/Stocktrek Images/ASP; 66 (unt.), mit frndl. Genehm. v. Nature.com/Dr. Mary Higby Schweitzer; 67 (unt.), DeAgostini/GI; 68 (ob.), Mohamad Haghani/ASP; 69 (ob.), José Antonio Peñas/SCI; 69 (unt.), Jan Sovak/Media Bakery; 70 (ob.), reptiles4all/SS; 70 (unt.), Mogens Trolle/SS; 71, The Photo Researchers/GI; 72 (ob.), stevegeer/iStockphoto; 72 (unt.), Universal Images Group North America LLC/DeAgostini/ASP; 73 (ob.), Ryan M. Bolton/SS; 74 (ob.), Michael Gilday/ASP; 74 (unt.), Francois Gohier/SCI; 75 (alle), mit frndl. Genehm. v. Steve Brusatte; 76 (ob.), Víctor Fondevilla/Universitat Autònoma de Barcelona; 76 (Mitte), Francois Gohier/SCI; 76 (unt.), Millard H. Sharp/SCI; 77, mit frndl. Genehm. der Sammlund der Judith River Foundation/Children's Museum of Indianapolis via Creative Commons; 78 (ob.), Nobumichi Tamura; 78 (unt. li.), Chris Hellier/SCI; 79 (li.), Yuriy Priymak/Stocktrek Images/SCI; 79 (unt.), O. Louis Mazzatenta/National Geographic/GI; 80 (unt.), nik wheeler/ASP; 81, Alexander Koerner/GI; 82 (ob. re.), Ryan M. Bolton/SS; 82 (unt. li.), ajt/SS; 82 (unt. re.), Boonchuay1970/SS; 83 (Mitte li.), Colin Keates/Dorling Kindersley/Natural History Museum, London/SCI; 83 (unt. li.), anaken2012/SS; 83 (unt. re.), Ortis/SS; 86 (ob.), mit frndl. Genehm. v. Steve Brusatte; 86 (unt.), Jean-Michel Girard/SS; 87 (ob. li.), mit frndl. Genehm. v. Steve Brusatte; 87 (ob. re.), Marques/SS; 87 (unt.), mit frndl. Genehm. v. Steve Brusatte; 88, Mark Garlick/Science Photo Library/ASP; 89 (ob.), Detlev van Ravenswaay/SCI; 89 (unt.), David Parker/SCI; 90 (ob.), Richard Bizley/SCI; 90 (unt.), Mark Garlick/Science Photo Library/GI; 91, Richard Bizley/SCI; 92 (ob.), Aleksey Baskakov/Dreamstime; 93 (ob. li.), Albert Russ/SS; 93 (ob. re.), Colin Keates/Dorling Kindersley/SCI; 93 (Mitte), Sinclair Stammers/SCI; 93 (unt.), Pictorial Press Ltd/ASP; 94 (unt. li.), mit frndl. Genehm. v. Steve Brusatte; 94 (unt. re.), The Natural History Museum, London/ASP; 95 (ob.), Science History Images/ASP; 96 (ob. li.), The Natural History Museum, London/ASP; 96 (ob. re.), Mark Garlick/Science Photo Library/ASP; 96 (Mitte li.), mit frndl. Genehm. v. Library of Congress; 96 (unt.), The Natural History Museum, London/ASP; 96 (unt. li.), David Roland/ASP; 96 (unt. re.), Leonello Calvetti/ASP; 97, George Rinhart/Corbis via GI; 98 (ob. li.), Guido Martini/EyeEm/GI; 98 (ob. re.), Jonathan Blair/Corbis Collection/GI; 98 (unt.), mit frndl. Genehm. v. Rukwa Rift Basin Project; 99 (ob.), O. Louis Mazzatenta/GI; 100–101, NG Maps; 102, paleontologist natural/SS; 103 (ob.), Damian Kelly Photography; 103 (unt.), mit frndl. Genehm. v. Darla Zelenitsky; 104 (ob.), Joseph Nettis/SS; 104 (unt.), Smithsonian Institute/SCI; 105 (ob.), Frank Duenzl/picture-alliance/dpa/AP Images; 105 (unt.), Ingo Schulz/imageBROKER/ASP; 106 (ob.), mit frndl. Genehm. v. Steve Brusatte; 106 (unt. li.), STR/AFP/GI; 106 (unt. re.), Phil Degginger/ASP; 107 (Zahnbürste), Obak/SS; 107 (Schaufel), Thammasak Lek/SS; 107 (Gabel und Löffel), Khongtham/SS; 107 (Pinsel), Seregam/SS; 107 (Notizbuch), Mark Thiessen/NG Staff; 107 (Bleistift), Julia Ivantsova/SS; 107 (Schraubenzieher), pchais/SS; 107 (Hammer), Vrabelpeter1/SS; 107 (Bandmaß), Madlen/SS; 107 (Stecheisen), rawf8/SS; 107 (Wasserflasche), Odua Images/SS; 107 (Kasten), modustollens/SS

REGISTER

Fettschrift verweist auf Abbildungen.

All meinen Lehrern, von der Grund- bis zur Hochschule,
die meine Liebe zum Lernen und zur Wissenschaft gefördert haben. — SB

Allen Kindern, die sich wünschen mehr zu wissen. — LN

Seit ihrer Gründung 1888 hat sich die National Geographic Society weltweit an mehr als 12 000 Expeditionen, Forschungs- und Schutzprojekten beteiligt. Die Gesellschaft erhält Fördermittel von National Geographic Partners LLC, unterstützt unter anderem durch Ihren Kauf. Ein Teil der Einnahmen dieses Buches hilft uns bei der lebenswichtigen Arbeit zur Bewahrung unserer Welt. Das legendäre NATIONAL GEOGRAPHIC-Magazin erscheint monatlich. Darin veröffentlichen namhafte Fotografen ihre Bilder und renommierte Autoren berichten aus nahezu allen Wissensgebieten der Welt. National Geographic im TV ist ein Premium Dokumentations-Sender, der ein informatives und unterhaltsames Programm rund um die Themen Wissenschaft, Technik, Geschichte und Weltkulturen bereithält. Falls Sie mehr über National Geographic wissen wollen, besuchen Sie unsere Website unter **www.nationalgeographic.de.**

Titel der Originalausgabe: *Absolute Expert – Dinosaurs*

Deutsche Ausgabe veröffentlicht von: WS White Star s.r.l. Mailand, 2019

Lizenznehmer von: National Geographic Partners, LLC

ISBN 978-88-540-4079-3
1 2 3 4 5 6 23 22 21 20 19

Gedruckt in Kroatien

Übersetzung und Redaktion: Hendrik de Rijke

Designed by Girl Friday Productions

Danksagungen
Herzlichen Dank allen meinen Freunden und Kollegen, die ich in diesem Buch vorstellen durfte, vor allem Tom Challands, Jon Hoad, Junchang Lü, Grzegorz Niedzwiedzki, Tom Williamson und seinen Söhnen Ryan und Taylor sowie meinen Kollegen auf der ganzen Welt und meinen Mentoren (Paul Sereno, Mike Benton und Mark Norell). Ich bin der National Geographic Society besonders dafür dankbar, dass sie meine Feldarbeit in Schottland finanziert hat und stolz darauf, zu den National Geographic Explorern zu gehören. Nicht zuletzt danke ich Lela, Karen und dem Team, das dieses Buch ermöglicht hat. — SB

Herzlichen Dank an Girl Friday Productions und National Geographic, die mich an diesem fantastischen Projekt haben teilhaben lassen. — LN

Die Autoren und Verleger danken auch dem Produktionsteam: Shelby Lees, Projektleiter, Kathryn Williams, Lektoratsassistentin, Amanda Larsen, Herstellungsleitung, Sarah J. Mock, Bildredaktion, Molly Reid, Produktionsleitung und Anne LeongSon, Produktionsassistentin.